新闻的律动：
理论与实践的和谐共鸣

扎西桑布　著

大连出版社
DALIAN PUBLISHING HOUSE

© 扎西桑布 2025

图书在版编目（CIP）数据

新闻的律动：理论与实践的和谐共鸣 / 扎西桑布著.

大连：大连出版社，2025. 8. -- ISBN 978-7-5505
-2391-3

Ⅰ. G21

中国国家版本馆 CIP 数据核字第 2025E2T606 号

XINWEN DE LUDONG：LILUN YU SHIJIAN DE HEXIE GONGMING
新 闻 的 律 动 ： 理 论 与 实 践 的 和 谐 共 鸣

出 品 人：王延生
策 划 编 辑：曹红波
责 任 编 辑：曹红波　钟晓晨
封 面 设 计：陈　茜
责 任 校 对：安晓雪
责 任 印 制：徐丽红

出版发行者：大连出版社
　　　地址：大连市西岗区东北路 161 号
　　　邮编：116016
　　　电话：0411-83620573/83620245
　　　传真：0411-83610391
　　　网址：http：//www.dlmpm.com
　　　邮箱：dlcbs@dlmpm.com
印　　刷　者：大连市东晟印刷有限公司

幅面尺寸：145mm×210mm
印　　张：4.5
字　　数：133 千字
出版时间：2025 年 8 月第 1 版
印刷时间：2025 年 8 月第 1 次印刷
书　　号：ISBN 978-7-5505-2391-3
定　　价：50.00 元

引　言

在当今信息快速流动的时代，新闻媒体扮演着至关重要的角色，它不仅是传递信息的桥梁，还是塑造公众认知、引导社会舆论的重要力量。本书旨在探讨新闻理论与实践之间的密切关系，以及两者如何共同推动新闻事业的发展，通过深入分析新闻工作中理论与实践相结合的必要性，阐述了理论对实践的指导作用以及实践经验对理论发展的反哺。

新闻工作的核心在于准确、及时地传递信息，同时还需要深入解读复杂的社会现象，这就要求新闻从业者不仅要具备扎实的专业技能，还要有深厚的理论基础。理论为新闻工作提供了概念框架和分析工具，帮助新闻从业者更好地理解和解释新闻事件；实践经验又能检验和丰富理论，推动理论的不断发展和完善，这种理论与实践的良性互动，正是新闻事业持续进步的动力源泉。数字化时代，新闻传播的形式和内容都在经历深刻变革，云计算、大数据、人工智能等新技术的出现，为新闻工作带来了机遇和挑战。面对这些变化，新闻从业者需要不断更新知识结构，提升专业素养。本书着重探讨了如何在新的技术环境下，更好地将新闻理论与实践相结合，以应对数字化时代的挑战。

本书共分为八章，全面系统地阐述了新闻理论与实践的关系，第一章介绍了新闻工作中的理论与实践，强调了两者结合的必要性；第二章和第三章分别深入探讨了新闻理论的重要性和实践经验的不可或缺性；第四章分析了新闻理论与实践结合的互助效应，包括提高报道质量、增强创新能力等；第五章提出了新闻理论与实践结合的实现途径，如交叉培训、案例研究等；第六章通过实例分析，展示了理论与实践结合的具体应用；第七章讨论了理论与实践在结合过程中可能遇到的挑战与应对策略；第八章总结了全书内容，并对新闻工作的未来发展进行了展望。

本书不仅关注新闻工作的当前状况，还着眼于未来发展。随着全球化进程的加速和数字技术的快速发展，新闻工作面临着诸多新的挑战，如何在保持新闻的专业性和伦理标准的前提下适应新的传播环境，满足受众多样化的需求，是新闻从业者需要长期思考的问题。本书通过新闻理论分析和实践案例，为这些问题提供了有益思路和解决方案。本书还强调了新闻教育在培养高素质新闻人才中的重要作用，新闻院校应该更加注重新闻理论与实践的结合，培养学生的批判性思维能力和实际操作技能，只有这样才能培养出适应现代传媒环境的复合型人才。

《新闻的律动：理论与实践的和谐共鸣》不仅适合新闻从业者阅读，也适合新闻传播学的研究者和学生，它提供了一个全面的视角来审视新闻理论与实践的关系，有助于读者更好地理解新闻工作的本质和未来发展方向。在信息爆炸的时代，新闻工作的重要性不言而喻，本书旨在为提升新闻质量、促进新闻事业发展贡献一份力量，希望能够引发读者对新闻理论与实践关系的思考，从而推动新闻事业的健康发展。

目 录

第一章　新闻工作中的理论与实践

第一节　新闻学理论指导下的实践创新

一、新闻理论对采编工作的指导

新闻理论对采编工作的指导作用体现在多个方面，在新闻采访过程中，理论知识为记者提供了采访的理论框架和指导原则，帮助他们更好地理解和分析新闻事件，把握事件的本质。例如，议程设置理论指导记者在众多信息中识别出最具新闻价值的内容，从而更有效地分配采访资源；新闻专业主义理论强调了客观性和平衡性的重要性，要求记者在采访中全面收集信息，避免片面报道。在新闻编辑环节，理论知识同样发挥着重要作用，新闻框架理论帮助编辑和记者更好地组织和呈现新闻内容，使新闻报道更具吸引力和说服力；受众研究理论则指导编辑和记者根据不同受众群体的需求和偏好，调整新闻内容的呈现方式，以提高新闻产品的针对性和有效性，这种理论指导不仅提升了新闻报道的质量，也增强了媒体与受众之间的联系。

新闻理论在新闻写作中的应用同样不可忽视，叙事理论为记者提供了多样化的写作技巧，使新闻报道更加生动有趣；价值中立理论则要求记者在写作过程中保持客观立场，避免因个人偏见对新闻报道产生影响，这些理论的指导使新闻报道更加专业和可信，提高了新闻报道的社会影响力。在数字化时代，新媒体理论对采编工作的指导尤为重要，跨媒体叙事理论指导记者利用多种媒介形式进行报道，提高新闻的表现力和传播效果；数据新闻理论则为记者提供了新的采集和分析信息的方法，使报道更加深入和全面，这些理论的应用不仅丰富了新闻的表现形式，也提高了新闻报道的准确度和深度，为受众提供了更高质量的新闻产品。

二、实践经验对新闻报道的影响

实践经验在新闻报道中扮演着至关重要的角色，对新闻质量和效果产生深远影响。丰富的实践经验能够提升记者的采访技巧，使其更加熟练地运用各种采访方法，如深度访谈、参与式观察等，从而获取更加全面和深入的信息。在处理复杂或敏感话题时，经验丰富的记者往往能够更好地把握采访分寸，避免触碰采访对象的底线，同时又能巧妙地获取关键信息，长期积累的人脉资源也为新闻报道提供了更多的信息渠道，使报道内容更加丰富多元。在新闻写作方面，实践经验能够帮助记者更准确地把握新闻要素，提炼出最具价值的信息，并以更加吸引人的方式呈现出来，经验丰富的记者往往能够在短时间内完成高质量的新闻稿件，这在当今快节奏的新闻环境中尤为重要。

实践经验对新闻判断力的培养同样功不可没，长期的新闻实践能够锻炼记者的新闻敏感度，使其能够快速识别具有新闻价值的信息并准确预判新闻事件的发展趋势。这种敏锐的洞察力使记者能够在众多信息中捕捉到最具价值的新闻线索，从而产出更具影响力的报道。丰富的实践经验还能够帮助记者更好地理解和把握新闻事件的背景和本质，避免出现片面或肤浅的报道。在新闻评论和分析性报道中，实践经验的价值更加明显，经验丰富的记者能够基于对社会现实的深入了解，提供更加深刻和有见地的分析，从而引导公众更全面地理解新闻事件。实践经验还能够帮助记者在面对突发事件时保持冷静和理智，迅速作出正确的判断和报道决策。这种基于实践经验的专业素养，不仅提高了新闻报道的质量和公信力，也为维护新闻媒体的社会责任提供了有力保障。

三、理论与实践在新闻伦理中的应用

新闻伦理作为新闻工作的核心准则，在理论与实践的交互作用中不断发展和完善。理论知识为新闻伦理提供了坚实的思想基础和原则指导，而实践经验则赋予这些原则具体的操作意义和现实适用性。在新闻采访过程中，理论知识指导记者遵循真实性、客观性和公正性的基本原则，而实践经验则帮助记者在复杂的现实情况下灵活运用这些原则。例如，在报道敏感话题时，理论知识强调保护消息来源的重要性，而实践经验则教会记者如何在不泄露消息来源的前提下，既保证报道的可信度，又确保消息来源的隐秘，这种理论与实践的结合，使得新闻伦理原则在实际工作中得到更好的贯彻和执行。

在新闻编辑和发布环节，理论与实践在新闻伦理中的应用同样至关重要，理论知识为记者提供了新闻真实性、完整性和平衡性的判断标准，而实践经验则帮助记者在有限的时间和版面内作出最佳的取舍；在处理争议性话题时，理论知识指导记者平衡各方观点，而实践经验则帮助记者判断哪些观点最具代表性和新闻价值；在新闻发布时机的把握上，理论知识强调新闻时效性的重要性，而实践经验则帮助记者判断发布时机对新闻影响的微妙之处，这种理论与实践的结合，确保了新闻产品在伦理和质量上的双重把关。

数字化时代，新闻伦理面临着诸多新的挑战，理论与实践的结合在应对这些挑战时发挥着关键作用。理论知识为处理网络信息真实性、隐私保护等问题提供了新的思路和方法，而实践经验则帮助新闻从业者在快速变化的媒体环境中灵活应用这些方法。例如，在处理社交媒体信息时，理论知识指导新闻从业者如何验证信息的真实性，实践经验帮助他们快速识别可疑信息的特征；在处理用户生成内容时，理论知识为内容管理提供了基本准则，实践经验则帮助新闻从业者在具体案例中作出恰当的判断。

理论与实践在新闻伦理中的应用也反映在新闻伦理规范的制定和修订过程中，理论知识为伦理规范的制定提供了基本框架和核心价值，实践经验为这些规范的可操作性和实效性提供了重要参考。通过理论与实践的不断互动和反馈，新闻伦理规范得以不断完善和更新，以适应不断变化的新闻环境和社会需求，这种动态的发展过程确保了新闻伦理始终保持其时代性和指导性，为新闻工作的健康发展提供了有力保障。

四、新闻教育中理论与实践的平衡

新闻教育中理论与实践的平衡是培养高素质新闻人才的关键，理论教育为学生提供了系统的知识框架和思维方法，而实践训练则帮助学生将所学知识转化为实际技能。在课程设置方面，优质的新闻教育项目通常会合理安排理论课程和实践课程的比例，理论课程涵盖新闻学基础、传播理论、媒体伦理等内容，为学生构建完整的知识体系；实践课程包括新闻写作、采访技巧、多媒体制作等，旨在提升学生的实际操作能力。通过理论课程与实践课程的有机结合，学生能够更好地理解理论知识在实际工作中的应用，同时也能够运用理论知识指导和改进实践操作。

在教学方法上，新闻教育中理论与实践的平衡体现在案例教学、模拟训练和实地实习等多种形式中。案例教学将理论知识与实际新闻事件相结合，帮助学生深入理解理论的现实意义；模拟训练，如新闻采访模拟、编辑室工作模拟等，让学生在接近真实的环境中应用所学理论知识，提前体验职业环境；实地实习则为学生提供了在真实的新闻工作环境中学习和成长的机会，使学生能够将课堂所学与行业实践紧密结合。理论与实践相结合的教学方法提高了学生的学习兴趣，也增强了教学效果，能够帮助学生提前适应未来的职业角色。

新闻教育中理论与实践的平衡还体现在师资队伍的构成上，高质量的新闻教育不仅需要学术背景深厚的理论研究者，也需要具有丰富一线经验的业界精英。理论专家能够为学生提供系统的理论知识和研究方法，实践专家则能够分享第一手的行业经验和实务技能。通过组建多元化的师资团队，学校能够为学生提供全面而均衡的教育资源，使学生在理论素养和实践能力方面得到全面发展。

新闻教育中理论与实践的平衡还需要与时俱进，适应新闻行业的发展变化。随着数字技术的快速发展，新闻教育需要不断更新理论知识体系，同时加强新技术应用的实践训练。例如，在传统新闻理论教学的基础上增加数据新闻、移动新闻等新兴领域的内容；在实践教学中加强学生对新媒体平台、数据分析工具等的使用能力，通过动态调整教学内容和方法，确保理论教育与行业实践保持同步，培养出符合时代需求的新闻人才。这种与时俱进的教育理念，不仅提高了学生的就业竞争力，也为新闻行业的持续发展提供了人才保障。

五、理论与实践对新闻质量的共同作用

理论与实践对新闻质量的共同作用体现在新闻生产的各个环节。在新闻选题阶段，理论知识为记者提供了科学的新闻价值判断标准，帮助记者从众多信息中筛选出最具新闻价值的事件，而实践经验则使记者能够敏锐地捕捉到社会热点，精准把握受众需求。这种理论指导下的实践选题，确保了新闻报道的准确性和吸引力。在新闻采访过程中，理论知识指导记者遵循客观公正的原则，全面收集信息，实践经验帮助记者灵活运用各种采访技巧，深入挖掘新闻背后的故事。通过理论与实践的结合，记者能够获取更加全面、深入的一手资料，为高质量的新闻报道奠定基础。

在新闻写作和编辑阶段，理论与实践的共同作用更加明显。新闻写作理论为记者提供了清晰的结构框架和叙事技巧，丰富的写作实践使记者能够灵活运用这些技巧，创作出引人入胜的新闻作品。在新闻编辑过程中，理论知识指导记者遵循新闻真实性、全面性和平衡性的原则，实践经验帮助记者在有限的版面或时间内作出最佳的内容取舍，这种理论指导下的实践操作提高了新闻报道的质量，也增强了新闻产品的可读性和影响力。

新媒体时代，理论与实践对新闻质量的共同作用更加明显。新媒体理论为记者提供了跨平台传播的新思路，指导记者充分利用多媒体技术进行新闻报道，实践经验帮助记者在快速变化的媒体环境中灵活应对，选择最适合的传播方式和平台。例如，在处理突发新闻时，理论知识指导记者遵循及时、真实、公正的报道原则，而实践经验则帮助记者在第一时间作出正确的判断和决策，以最快速度发布权威信息，提高新闻报道的时效性和准确性。同时，也增强了新闻媒体在信息传播中的主导地位。

理论与实践对新闻质量的共同作用还体现在新闻评估和反思过程中，新闻理论为评估新闻质量提供了科学的标准和方法，而实践经验则为这些标准的应用提供了具体的参考。通过定期对新闻质量进行评估和反思，新闻机构可以及时发现报道中存在的问题，并采取相应的改进措施。这种基于理论和实践的质量管理机制有助于提高单个新闻产品的质量，也促进了整个新闻行业的专业化发展。评估和反思的过程也为新闻理论的发展提供了宝贵的实践素材，推动了新闻学理论的创新和完善。通过理论与实践的良性互动，新闻质量得以不断提升，新闻媒体的社会影响力和公信力也得到了持续增强。

六、新媒体环境下理论与实践的结合

新媒体环境下，理论与实践的结合呈现出前所未有的紧密性和动态性，传统新闻理论在数字化浪潮中不断更新和完善，而实践经验则在技术驱动下不断创新和突破。在新闻采集方面，大数据理论为新闻从业者提供了全新的信息获取方法，指导记者利用数据挖掘技术发现潜在的新闻线索，实践经验则帮助记者在海量数据中快速识别有价值的信息，并将其转化为有深度的新闻报道。例如，在报道复杂的社会议题时，记者可以运用数据可视化技术将抽象的统计数据转化为直观的图表，使报道更加直观生动和易于理解，这种理论指导下的实践创新不仅提高了新闻报道的深度和广度，还增强了新闻产品的说服力和影响力。

在新闻传播方面，新媒体理论为跨平台传播提供了理论基础，指导新闻从业者充分利用各种媒体形式和渠道进行新闻传播，而实践经验则帮助新闻从业者在不同平台上灵活运用多媒体技术，创作出符合各平台特性的新闻产品。例如，在社交媒体平台上，新闻从业者会根据平台特性和受众习惯，将长篇报道拆分成简短的图文组合或短视频，以提高传播效果；在直播报道中，理论知识指导记者遵循实时性和互动性的原则，而实践经验则帮助记者在突发情况下快速作出反应，保证报道的连续性和吸引力。这种理论与实践的结合，不仅提高了新闻传播的效率和效果，也促进了新闻形式的多样化和创新性。

新媒体环境下，理论与实践的结合还体现在新闻生产流程的重构和优化上。新媒体理论为新闻生产的全流程数字化提供了指导框架，而实践经验则推动了各种创新工具和方法的应用。在新闻策划阶段，大数据分析理论指导新闻从业者利用用户行为数据挖掘选题，而实践经验则帮助新闻从业者判断数据背后的新闻价值。在新闻制作过程中，人工智能理论为自动化写作和视频剪辑等技术的应用提供了理论支撑，而实践经验则确保这些技术在保证新闻质量的前提下得到合理应用。

第二节　新闻理论与实践的互动机制

一、新闻实践对理论发展的推动作用

新闻实践对理论发展的推动作用体现在多个方面。在新闻选题方面，实践中不断涌现的新闻事件为理论研究提供了丰富的素材。例如，重大突发事件的报道推动了危机传播理论的发展，使理论研究者能够深入分析媒体在有危机的情况下的角色和责任；实践中遇到的选题困境也促使

理论研究者重新审视和完善新闻价值理论，以适应复杂多变的社会环境。这种实践与理论的互动，不仅丰富了新闻学理论的内容，也提高了理论的实用性和指导性。

在新闻采访和写作领域，实践经验为理论创新提供了重要启发。随着社交媒体的普及，传统的采访方法面临挑战，实践中出现了通过社交平台联系受访者，开展在线访谈的新方法，这些创新实践推动了新闻采访理论的更新，促使理论研究者深入探讨数字时代的采访技巧和访谈互动机制。在新闻写作方面，多媒体报道的实践经验推动了叙事理论的发展，使理论研究者能够深入分析不同媒体形式对新闻叙事的影响。这种实践驱动的理论创新，不仅拓宽了新闻学研究的视野，也为新闻教育提供了更加贴近实际的教学内容。

新闻实践对理论发展的推动作用还体现在新闻伦理领域。随着技术的发展，新闻实践中不断出现新的伦理困境，如人工智能写作的版权问题、虚拟现实报道中的隐私保护等。这些实际问题推动了新闻伦理理论的深化和拓展，促使理论研究者重新审视传统伦理原则在数字环境下的适用性，并探索新的伦理规范。例如，在处理用户生成内容时遇到的真实性验证问题，推动了关于新闻真实性的理论讨论，促使理论研究者深入探讨数字时代新闻真实性的定义和判断标准。这种实践中的伦理困境对理论发展具有推动作用，不仅丰富了新闻伦理研究的内容，也为新闻实践提供了更加明确的伦理指引。

新闻实践对理论发展的推动作用还体现在新闻生产模式的创新上。随着技术的发展，新闻实践中出现了数据新闻、沉浸式新闻等新的报道形式。这些创新实践为理论研究提供了新的研究对象，推动了新闻生产理论的更新和完善。例如，数据新闻的实践经验推动了关于新闻可视化的理论研究，促使理论研究者深入探讨数据在新闻叙事中的作用和效果。沉浸式新闻的实践则推动了关于新闻感知和受众体验的理论研究，为理解数字时代的新闻传播效果提供了新的视角。这种实践创新对理论发展的推动，不仅拓展了新闻学研究的边界，也为新闻实践的进一步创新提供了理论支持。通过实践与理论的持续互动，新闻学这一学科得以不断发展和完善，为应对快速变化的媒体环境提供了强有力的理论基础。

二、理论创新对新闻实践的引导

理论创新对新闻实践的引导作用体现在多个方面。在新闻采访领域，新兴的数据新闻理论为记者提供了全新的信息获取和处理方法，这种理论创新指导记者利用大数据技术挖掘新闻线索，分析复杂的社会现象。例如，在报道城市发展问题时，记者可以运用数据分析方法，从海量的城市规划数据中发现潜在的问题，进而展开深入调查。这种理论指导下的实践创新，不仅提高了新闻报道的深度和广度，也增强了新闻报道的说服力和影响力。新媒体理论的发展为记者提供了多元化的采访工具和方法。例如，社交媒体理论指导记者利用社交平台进行信息收集和受众互动，拓展了传统采访的边界。这种理论创新引导下的实践变革，使新闻采访更加灵活和高效。

在新闻写作和编辑方面，叙事学理论的创新为新闻表达提供了新的思路；跨媒体叙事理论指导记者利用多种媒体形式讲述新闻故事，创作出更加丰富和生动的新闻作品。例如，在报道重大历史事件时，记者可以结合文字、图片、视频和交互式图表等多种元素，构建一个全方位的叙事空间。这种理论指导下的实践创新，不仅提高了新闻报道的表现力，也增强了受众的参与感和沉浸感。受众研究理论的发展为新闻编辑提供了更加精准的内容定制方法，而基于受众行为分析的理论创新，可以指导记者根据不同受众群体的需求和偏好，制作个性化的新闻产品，这种理论引导下的实践变革，提高了新闻传播的针对性和有效性。

在新闻传播领域，网络传播理论的创新为新闻传播策略提供了新的指导。病毒式传播理论指导新闻从业者设计更具传播力的新闻内容，提高新闻在社交网络中的传播效果。例如，在报道社会公益活动时，记者可以根据病毒式传播理论的原则，设计易于分享和传播的内容形式，如简短有力的标题、富有情感共鸣的图片或短视频等。这种理论指导下的实践创新，不仅提高了新闻的传播速度和范围，也增强了新闻对社会议题的影响力。跨文化传播理论的发展为国际新闻报道提供了新的视角，这种理论创新指导记者在报道国际事务时，需要关注文化差异和文化冲突，提高报道的文化敏感和多元包容。

三、实践中发现问题促进理论研究

新闻实践中发现的问题是理论研究的基础和导向。在新闻采访过程中，记者经常会遇到信息获取困难的问题，这促使理论研究者深入探讨信息公开等新闻相关理论。而当记者在采访中面临信息来源保护的困境时，又会推动关于记者特权和信息来源保护的理论探讨。这些源自实践的问题不仅丰富了新闻学理论的研究内容，还推动了相关法律和政策的完善。在新闻报道中，记者经常面临如何平衡新闻价值和社会责任的难题，特别是在报道敏感话题或突发事件时，这种实践中的伦理困境促进了新闻伦理理论的深化和发展，推动理论研究者重新审视和完善新闻伦理准则。

新闻生产过程中的技术应用也为理论研究提供了新的课题。随着人工智能技术在新闻生产中的广泛应用，实践中出现了一系列问题，如自动生成内容的版权归属、算法推荐导致的信息茧房等。这些问题推动了关于新闻生产的理论研究，促使理论研究者深入探讨人工智能时代的新闻定义、新闻生产模式以及新闻从业者的角色转变。在新闻传播领域，社交媒体的兴起带来了信息过载和假新闻传播等问题。这些实践中的挑战推动了关于信息筛选、事实核查以及媒体素养的理论研究，通过对这些实践问题的深入研究，新闻传播理论得以不断更新和完善，为应对数字时代的新闻挑战提供了理论支持。

新闻实践中的受众反馈也为理论研究提供了重要启示。在实践中，新闻从业者发现传统的单向传播模式已经无法满足受众的需求，受众参与新闻生产过程的意愿越来越强烈。这种实践观察推动了关于参与式新闻学和用户生成内容的理论研究，促使理论研究者重新思考受众在新闻生态中的角色和地位。受众注意力分散和信息消费碎片化的趋势也为理论研究提出了新的课题，推动了关于新闻叙事策略和内容呈现方式的理论创新。通过对这些实践问题的深入研究，新闻传播理论得以更好地反映受众需求和行为特征，为新闻实践提供更加有效的指导。

实践中发现的问题还推动了跨学科理论研究的发展。新闻从业者在实践中发现，单一学科的理论视角已经无法全面解释和应对复杂的新闻现象。这种认识推动了新闻学与心理学、社会学、经济学等学科的交叉研究。例如，在报道公共卫生事件时，新闻从业者发现需要结合医学、心理学和传播学的知识才能更好地完成报道任务。这种实践需求推动了健康传播理论的发展，为公共卫生新闻报道提供了更加全面和专业的理论指导。同样，在报道环境问题时，新闻从业者需要综合运用环境科学、经济学和传播学的知识，因而实践需求又促进了环境传播理论的发展。这种实践问题驱动的跨学科研究使新闻学理论得以不断拓展和深化，为应对复杂的社会问题提供了更加全面和系统的理论支持。

四、理论研究成果在新闻实践中的验证

理论研究成果在新闻实践中的验证是一个持续不断的过程，对理论的发展和完善至关重要。新闻议程设置理论在实践中得到了广泛的验证和应用，媒体通过选择报道特定议题，成功引导公众关注和讨论这些议题。在重大社会事件报道中，新闻机构通过持续跟进和深度报道，将某些议题置于公众讨论的中心。这种实践不仅验证了议程设置理论的有效性，还推动了理论的进一步发展。如二级议程设置理论的提出，使我们在实践中发现，媒体不仅能影响公众关注的议题，还能影响公众思考这些议题的方式。这一发现促使理论研究者深入探讨媒体框架对公众认知的影响，进一步丰富了议程设置理论的内涵。

使用与满足理论在新媒体环境下也得到了新的验证和发展。随着社交媒体的普及，用户主动选择并获取消费信息的行为更加明显，新闻机构通过分析用户的内容偏好和使用习惯，制定针对性的内容策略。这种实践不仅验证了使用与满足理论的基本假设，还推动了理论在数字环境下的更新。在实践中发现，用户不仅是信息的消费者，还是积极参与内容的生产者和传播者，这一现象促使研究者重新思考受众在传播过程中的角色，提出了"生产性使用"等新概念，丰富了使用与满足理论的内涵；实践中还发现，用户的信息需求和使用动机在不同情境下会发生变化，这推动了情境化使用与满足理论的发展。

新闻真实性理论在实践中也有新的发现。传统的客观报道理论强调新闻报道应该客观、中立，然而，在复杂的社会事件报道中，新闻从业者发现，单纯追求客观、中立可能无法全面呈现事件的本质，这种实践反馈促使理论研究者重新思考新闻真实性的内涵，提出了建构主义等新理论。在实践中，新闻从业者尝试通过多角度报道、深度调查等方式，呈现事件的复杂性和多面性，这种实践不仅验证了新的真实性理论的可行性，还推动了理论的进一步完善；在实践中还发现，在数字环境下，真实性的判断变得更加复杂，这一挑战促使理论研究者探索新的真实性验证机制，如 "众包"模式、区块链技术等，进一步拓展了新闻真实性理论的研究范围。

五、新闻从业者对理论的反馈与贡献

新闻从业者在日常工作中不断对理论进行实践检验，并通过反馈和创新为理论发展作出重要贡献。在新闻采访过程中，记者经常发现，现有理论无法完全解释或指导复杂的采访情境，面对这种情况，有经验的记者会根据实际情况调整采访策略并将这些实践经验反馈给理论研究者，这种反馈不仅有助于完善采访理论，还推动了理论创新，如一些资深记者通过总结多年的采访经验，提出了诸如"同理心采访法"等新的采访理念和方法，为采访理论的发展注入了新的活力。

在新闻写作领域，新闻从业者的实践创新也对理论发展产生了深远影响。面对读者阅读习惯的变化，新闻从业者不断探索新的写作形式和叙事方法，一些新闻从业者尝试将文学叙事技巧引入新闻写作，创造出"新新闻"等新的报道形式。这些实践创新不仅丰富了新闻写作的表现手法，还推动了新闻叙事理论的发展。在当前的数字媒体环境下，新闻从业者开始探索多媒体叙事和互动式报道等新形式，这些实践探索为跨媒体叙事理论的发展提供了丰富的素材和案例。

新闻编辑在日常工作中也不断对理论提出疑问并予以修正。在处理复杂的新闻事件时，新闻编辑常常发现传统的新闻价值理论难以完全指导选题和编排决策，为应对这一挑战，一些资深新闻编辑提出了新的新闻价值评估标准，如"社会影响力"和"用户参与度"等，这些来自实践的创新观点推动了新闻价值理论的更新和完善。在融媒体环境下，新闻编辑还要考虑不同平台的特性和受众需求，这种实践需求促使新闻编辑探索新的内容分发策略，为传播渠道理论的发展提供了新的思路。

在新闻管理领域，媒体机构的管理者通过实践探索，不断完善新闻生产的组织模式和管理方法。面对数字化转型的挑战，一些媒体管理者提出了"平台化""数据驱动"等新的管理理念，这些源自实践的创新思想为媒体管理理论的发展提供了新的研究方向。在处理新闻伦理问题时，新闻从业者的实践经验和判断也对伦理理论的发展产生了重要影响。通过总结和反思实践中遇到的伦理困境，一些资深新闻从业者提出了更加细化和操作性更强的伦理准则，推动了新闻伦理理论的完善和发展。

新闻从业者对理论的反馈和贡献还体现在对新技术应用的探索上。在人工智能、虚拟现实等新技术与新闻实践结合的过程中，新闻从业者不断尝试和创新，探索这些技术在新闻生产和传播中的应用可能。这些实践探索不仅验证了现有理论在新技术环境下的适用性，还为新理论的产生提供了重要启示，一些新闻从业者通过总结实践经验，提出了诸如"沉浸式新闻""算法新闻"等新概念，为新闻学理论在技术时代的发展开辟了新的研究领域。通过这种持续的反馈和创新，新闻从业者与理论研究者形成了良性互动，共同推动新闻理论的发展和完善，使理论更好地服务于实践，实践也更好地丰富和验证理论。

六、学术界与新闻业界的交流与合作机制

学术界与新闻业界之间的交流与合作机制是推动新闻理论与实践互动的重要途径。近年来，越来越多的高校新闻院系开始重视与媒体机构的合作，建立了多种形式的交流平台，如定期举办的学术研讨会成为学者和新闻从业者交流思想的重要场合。在这些研讨会上，学者们分享最新的理论研究成果，而新闻从业者则介绍实践中遇到的问题和创新案例。通过这种面对面的交流，双方能够深入了解彼此的工作，促进理论与实践的对话。一些高校还邀请资深新闻从业者担任客座教授或开设讲座，为学生带来第一手的实践经验，同时也为学者们提供了解行业最新动态的机会。

"产学研"合作项目是学术界与新闻业界深度交流的另一重要形式。越来越多的媒体机构与高校建立了长期合作关系，共同开展新闻实践和理论研究项目。通过这些项目，学者们能够深入新闻生产一线，直接观察和参与新闻实践过程，获取宝贵的研究素材；媒体机构也能够借助学者的专业知识，解决实践中遇到的理论和方法问题。这种合作不仅推动了理论研究的实践导向，还促进了研究成果在实践中的应用。一些媒体机构还与高校合作建立了新闻实验室，共同探索新技术在新闻领域的应用，为理论创新和实践创新提供了良好的平台。

学术期刊和行业刊物在促进学术界与新闻业界交流中也发挥着重要作用。一些学术期刊开辟了实践专栏，邀请资深新闻从业者撰写实践经验总结和案例分析。这些来自一线的声音为学术研究提供了新的视角和思路。一些行业刊物也开始重视理论研究成果的引入，定期刊发学者的研究论文和理论文章。通过这种双向的交流，学术研究和实践经验得以在更广泛的范围内传播和讨论，促进了理论与实践的结合。一些媒体机构还与高校合作出版研究报告和行业白皮书，深入分析行业发展趋势和实践问题，为决策者和从业者提供参考。

职业培训和继续教育是学术界与新闻业界合作的另一重要领域。许多高校新闻院系为在职新闻从业者提供定期的培训课程，帮助新闻从业者更新知识结构，提升理论素养。这些课程不仅传授最新的理论知识，还结合实践案例进行讨论和分析，帮助新闻从业者将理论与实践相结合；一些媒体机构也邀请学者参与内部培训，为员工提供理论指导。通过这种双向的培训机制，学术界的最新研究成果能够及时传播到实践领域，而实践中的问题和需求也能够反馈到理论研究中。

互联网时代的到来为学术界与新闻业界的交流提供了新的平台和机会，社交媒体和在线论坛成为学者和新闻从业者交流思想的新渠道。一些学者通过博客、微博等平台分享研究心得，与实践者进行实时互动；一些新闻从业者也开始在网络平台上分享工作经验和思考，引起学术界的关注和讨论。这种非正式的交流方式打破了传统的沟通壁垒，使得理论与实践的对话更加频繁和深入。一些在线课程平台也为学术界与新闻业界的合作提供了新的可能。学者们可以通过这些平台开设面向新闻从业者的在线课程，而资深新闻从业者也可以通过这些平台分享实践经验。这种灵活的学习方式不仅方便了新闻从业者的继续教育，还促进了理论知识的广泛传播和应用。通过这些多元化的交流与合作机制，学术界与新闻业界之间的互动日益密切，共同推动新闻理论与实践的协同发展。

七、新技术环境下理论与实践的互动

新技术环境下，新闻理论与实践的互动呈现新的特点和趋势。人工智能技术（AI）在新闻生产中的应用引发了理论和实践层面的深入思考。一些媒体机构开始尝试使用人工智能技术写作系统生成新闻报道，这种实践不仅提高了新闻生产效率，还引发了学者们对新闻专业性和创造性的重新思考。面对这一新现象，学者们开始研究人工智能技术新闻写作的特点和影响，提出了"人机协作新闻生产"等新概念，新闻从业者也在实践中不断探索人工智能技术的合理应用边界，为相关理论研究提供了丰富的案例和数据。这种理论与实践的互动推动了新闻生产理论在技术时代的更新和发展。

大数据技术的应用为新闻理论与实践的互动提供了新的研究方法和实践工具，新闻机构通过分析用户行为数据，优化内容生产和分发策略，这种数据驱动的新闻实践为传统的新闻价值理论和受众理论带来了挑战。学者们开始研究数据驱动决策对新闻专业主义的影响，提出了"算法新闻"等新的研究方向；新闻从业者在实践中也发现，过度依赖数据可能导致新闻内容的同质化和碎片化。这种实践反馈促使理论研究者重新思考新闻价值的评估标准，推动了新闻价值理论的更新和完善。这种互动理论研究为实践提供了更加全面的指导，而实践经验也丰富了理论的内涵。

虚拟现实技术（VR）和增强现实技术（AR）在新闻报道中的应用，为新闻叙事理论与实践的互动开辟了新的领域。一些媒体机构开始尝试制作 VR 新闻，为受众提供沉浸式的新闻体验。这种新的报道形式不仅改变了传统的新闻叙事方式，还挑战了新闻真实性的界定。面对这一新现象，学者们开始研究 VR 新闻的叙事结构和伦理问题，提出了"沉浸式新闻"

等新概念。新闻从业者在实践中也不断探索虚拟现实技术的适用场景和叙事技巧，为理论研究提供了宝贵的一手资料，这种理论与实践的互动推动了新闻叙事理论和新闻伦理理论的创新和发展。

社交媒体平台的兴起改变了新闻传播的生态，也为新闻理论与实践的互动带来了新的挑战和机遇。新闻机构开始重视社交媒体平台的内容分发和用户互动，这种实践对传统的新闻传播理论提出了挑战。学者们开始研究社交媒体环境下的新闻传播规律，提出了"网络化新闻生产"等新概念。新闻从业者在实践中也发现，在社交媒体环境下，假新闻和信息茧房等问题日益严重，这些实践问题推动了关于新闻真实性和信息多样性的理论研究，促进了新闻伦理理论在数字时代的更新。这种互动理论研究为新闻实践提供了应对新挑战的思路，而实践经验也丰富了理论的研究内容。

区块链技术在新闻领域的应用探索也推动了理论与实践的深入互动。一些媒体机构开始尝试使用区块链技术来保护新闻作品的版权，提高新闻信息的可追溯性，这种实践为新闻真实性理论和版权保护理论的研究提供了新的视角。学者们开始研究区块链技术对新闻生态的影响，探讨去中心化新闻平台的可能性；新闻从业者在实践中也发现，区块链技术的应用还面临着技术门槛高、用户接受度低等问题。这些实践反馈为理论研究提供了重要的参考，推动了相关理论的完善和发展。通过这种持续的互动，新技术环境下的新闻理论与实践不断结合和创新，共同应对数字时代的挑战，推动新闻事业的健康发展。

第二章　新闻理论的重要性

第一节　新闻理论的定义及其功能

一、新闻理论的核心思想

新闻理论是一门研究新闻传播活动基本规律、探讨新闻事业本质特征及社会功能的系统性理论学说，它通过对新闻活动的规律性认识，形成了对新闻本质、新闻价值、新闻规范等方面的系统性理论框架，为新闻实践提供理论指导和方法论支持。新闻理论不仅关注新闻传播的基本原理和操作规范，更着重探讨新闻与社会的互动关系、新闻媒体的社会责任以及新闻从业者的职业伦理等深层次问题，构建起新闻学科的理论体系。在当代媒体环境快速变革的背景下，新闻理论还需要不断更新和发展以适应新的传播技术和社会需求。它既要继承传统新闻学的优秀理论成果，又要与时俱进，探索新媒体时代的新闻传播规律，为新闻实践提供更有效的指导。在新闻理论的建设过程中，既要注重理论的系统性和科学性，又要重视理论与实践的结合，确保理论的实用价值和指导意义。

新闻理论的核心思想主要体现在真实性、时效性、公共性和客观性这几个关键维度上。真实性是新闻的本质要求，强调新闻报道必须以客观事实为基础，通过严格的核实程序确保信息的准确性，这要求新闻从业者必须建立严密的事实核查机制，培养严谨的职业素养；时效性体现了新闻传播的时间价值，要求新闻从业者及时报道具有新闻价值的事实，在保证准确性的前提下尽可能快速地传递信息；公共性突出了新闻媒体的社会责任，强调新闻要服务于公共利益，促进社会进步，这就要求新闻从业者要有强烈的社会责任感，关注公共事务，推动社会发展；客观性则要求新闻报道要保持立场中立，全面呈现事实真相，避免主观偏见，这需要新闻从业者具备广阔的视野和深入的分析能力。这些核心思想不仅构成了新闻理论的基本框架，也为新闻实践提供了基本准则，指导新闻从业者在快速变化的媒体环境中坚守职业操守，履行社会责任。这些核心思想也在不断发展和完善以适应新的传播环境和社会需求。例如，在新媒体时代，如何在保证真实性的同时提高传播效率，如何在确保客观性的同时适应个性化传播需求，都是新闻理论需要探讨的重要问题。

二、新闻理论的主要原则

新闻报道的基本原则包括客观、真实、公正、及时、准确和全面。这些原则紧密关联并互相影响，共同构建了新闻传播的整体框架，每一个原则都对新闻的质量和效果产生决定性影响，对于新闻从业者而言，对这些原则的深入理解和应用是实现职业成就和社会责任的基石。

客观、真实的深层含义：在新闻理论中，客观性不仅要求对事实进行直接陈述，更强调信息的全面性和深度。这意味着新闻报道不应只停留在表面的事实复述上，而应通过深入调查，获取背后的因果关系。例如，在报道一起政治事件时，除了简单报道事件发生的事实外，更应探究其背后的政治动机、历史背景及可能产生的长远影响，这种对客观性的深层追求能够让受众获得更为丰富和有洞察力的信息，有助于公众形成更为全面和深刻的理解。

公正性的实践策略：新闻的公正性要求从业者遵循客观性，努力展现事件的多元视角。这在实践中要求记者从不同的社会、文化和政治背景考虑问题以平衡报道。同时公正性也要求记者在报道中保持新闻报道的客观性和中立性，这对于维护新闻媒体的信誉和公众的信任至关重要。

及时性与技术应用：在数字化和网络化的今天，及时性成为新闻报道中的一大挑战。新闻机构需要利用先进的技术，如实时数据传输、移动采编设备等，来加速新闻的采集、编辑和发布，同时应用人工智能技术帮助筛选和处理大量信息，可以有效提高新闻报道的时效性。然而，追求及时性不应牺牲新闻的准确性和深度，新闻机构需要在快速反应和深度报道之间找到平衡。

准确和全面的内容策略：确保新闻内容的准确和全面，意味着新闻机构必须深入了解受众群体。通过市场调查、受众分析和反馈机制，新闻机构可以把握受众的需求和兴趣，据此优化内容的选择和呈现方式。例如，对年轻受众，可能更加注重社交媒体平台的内容发布和互动功能，而对专业人士，则可能更加重视深度分析和专业视角，这种准确和全面的内容策略，不仅能增强新闻内容的吸引力，还能提高受众的忠诚度和参与度。

新闻报道的这些基本原则构成了新闻从业者的行动指南，指导他们如何更有效地服务于公众，履行社会责任。每个原则都不是孤立存在的，而是相互联系和相互依赖，共同塑造着新闻报道的质量和社会效应。通过不断优化这些理论原则的实践应用，新闻行业可以更好地适应快速变化的媒体环境，有效地满足公众对高质量新闻的需求。

三、新闻理论的功能

（一）信息筛选与处理

在信息爆炸的时代，新闻媒体的首要功能是对海量信息进行专业的筛选和处理。这一功能要求新闻从业者运用专业知识和判断力，从纷繁复杂的信息中识别、筛选并加工对受众有价值的内容，这个过程涉及多个环节，每个环节都需要严谨的专业标准和规范化的操作流程。

在信息收集阶段，新闻机构需要建立多元化的信息收集渠道，这包括官方发布平台、行业内部消息、社交媒体动态等多种渠道。新闻从业者需要对各类信息源进行分级评估，建立可信度档案，确保信息来源的可靠性。例如，在突发事件报道中，新闻机构往往会优先采用官方权威部门发布的信息，同时收集现场目击者的描述和专家的分析观点，通过多方印证确保信息的准确性和完整性。

信息甄别是整个筛选过程中最为关键的环节。新闻从业者需要运用专业知识对收集到的信息进行真实性核查，剔除虚假信息、谣言和误导性内容，这一过程需要综合运用多种核查技术，如信息源交叉验证、专家咨询、实地考察等。在社交媒体时代，信息真伪难辨的情况更为普遍，这就要求新闻机构建立更加严密的信息核查机制，提高信息核查的效率和准确性。

信息分类和整理是确保新闻生产高效有序的重要环节。新闻从业者需要根据信息的性质、重要性和时效性进行科学分类，建立系统的信息档案。这种分类不仅便于信息的存储和检索，也有助于新闻从业者快速调取相关背景资料，提高新闻处理的效率。

在信息加工阶段，新闻从业者需要根据不同受众群体的特点和需求，对信息进行针对性处理，确保信息既准确专业又易于理解。例如，在报道专业性较强的经济新闻时，需要将复杂的专业术语转化为大众易懂的语言，同时保持信息的准确性和专业性。

在信息处理过程中，新闻从业者还需要特别关注信息安全和隐私保护。在报道涉及个人隐私、商业机密或国家安全的信息时，新闻从业者需要遵循相关法律法规和职业伦理准则，确保信息使用的合法性和合规性，这不仅是对信息主体权益的保护，也是维护新闻媒体公信力的重要保障。

在整个信息筛选与处理过程中，新闻从业者需要不断更新和完善工作流程，适应不断变化的信息环境，包括引入新技术、优化工作流程、加强人员培训等多个方面。只有建立科学规范的信息筛选和处理机制才能确保新闻报道的质量，更好地服务受众的信息需求。在此过程中，新闻从业者既要保持对信息的敏感度，又要秉持严谨的专业态度，在信息价值和真实性之间找到平衡点。

（二）影响受众视角

新闻理论在塑造受众视角方面扮演的角色至关重要。特别是在当前信息高度发达的社会中，新闻不仅传递事实，还通过特定的叙述方式、角度选择和呈现形式，深刻地影响着公众的认知和情感反应。这种影响可以引导公众意见、形成社会共识甚至推动社会变革。新闻通过设定议程的方式极大地影响受众的关注点，这种被称为"议程设置"的能力使得新闻媒体能够通过选择特定的新闻事件和话题决定公众讨论的焦点。例如，新闻机构可能会选择突出报道某个政治事件或社会问题，使之成为公众讨论的中心，而忽略其他同样重要但较少报道的事件。通过这种方式，新闻媒体不仅影响了公众对于哪些议题应该被视为重要的认识，也间接地影响了公众的行为和政策制定者的决策。新闻通过叙述框架的构建影响受众对信息的解读和反应，叙述框架是新闻理论中解释如何呈现新闻故事的一种方式，它涵盖了选择哪些事实报道、如何解释这些事实以及通过何种视角来讲述这些事实。不同的框架可以引导受众以不同的方式理解同一事件，从而影响受众的情感和态度。例如，在报道一起环境灾害时，新闻报道可以选择一个以人类疏忽为框架的叙述，强调预防措施的不足和未来的改进空间；也可以选择一个以自然不可抗力为框架的叙述，强调灾害的不可预测性和难以控制的性质。这两种不同的框架可能会引起受众完全不同的情绪反应和对策略的支持。

此外，新闻理论还关注信息的呈现方式对受众视角的影响。在数字媒体时代，新闻报道的呈现方式多种多样，从传统的文字报道到图片、音视频报道乃至交互式媒体报道，不同的呈现方式可以吸引不同的受众群体，并以不同的方式影响受众群体接收和处理信息的能力。例如，视觉元素（如影像、视频）通常能更直观地展示事件，激发受众的情感反应，增强记忆印象。而交互式图表和数据可视化则可以使复杂的信息更易于理解，增强受众的参与感和理解深度。通过这些策略的应用，新闻不仅传递了信息，更在构建社会现实的过程中发挥了积极的作用。然而，这种影响力也带来了巨大的责任，新闻从业者必须意识到他们在塑造公众观念和社会议题中的作用，努力保持报道的公正性和全面性，避免滥用媒体的影响力。只有这样新闻媒体才能真正地服务于公共利益，促进知识的传播和社会的健康发展。通过不断地迭代和优化，新闻理论将继续在帮助新闻从业者更好地理解和实践他们的职业责任方面发挥核心作用。

（三）指导新闻采集与报道流程

对新闻理论的深入理解和应用是新闻从业者进行有效报道的关键，新闻理论不仅涉及新闻的采集、编辑和发布的各个环节，还通过这些环节引导和塑造公众意见。新闻采集是新闻报道流程中的首要步骤，新闻理论在这一阶段提供了明确的指导原则，帮助记者和编辑准确把握信息的采集方向和方法。根据新闻理论的指导，新闻从业者需要在采集阶段进行广泛的信息搜索和核实，确保所获取的信息不仅真实可靠还具有时效性和相关性。为了实现这一目标，新闻从业者通常需要进行多渠道的信息验证，包括直接采访、查阅档案资料、观察现场等多种方式，确保从多角度、多维度对信息进行综合评估和分析。在信息的编辑加工过程中，新闻理论同样提供了关键的指导。编辑加工是将原始信息转化为可供公众阅读或观看的新闻内容的关键步骤，这一阶段的质量直接影响报道的最终质量。在此阶段新闻理论强调，新闻内容必须经过精确的编辑，删去冗余部分，突出重点，同时保持信息的全面性和多样性。此外，新闻理论也强调了语言的准确性和表达的清晰性，要求新闻从业者使用易于公众理解的语言来表达复杂的信息，避免使用可能引起误解或偏见的词语。

新闻的发布是新闻报道流程的最后阶段，新闻理论在这一阶段的应用同样重要，它指导新闻从业者如何根据不同的发布平台和受众群体来调整新闻内容的呈现形式和发布策略。在数字化和网络化日益发达的今天，新闻发布不再局限于传统的报纸和电视，更多地涉及网络、社交媒体以及移动应用程序等多样化的平台。新闻理论指导新闻从业者从各种平台的特点（如实时性、互动性和视觉化等）来考虑，优化新闻内容的呈现方式，以增强新闻的吸引力和影响力。此外，新闻理论还强调了在整个新闻报道流程中不断进行反馈和自我修正的重要性，新闻从业者应该根据公众的反馈和批评来不断调整和改进报道内容和方式。这种反馈机制是提高新闻质量和维护新闻职业道德的重要手段，通过这种动态的调整过程，新闻报道能够更好地服务于公众，提供符合社会需求的高质量新闻。新闻理论在新闻采集、编辑和发布的各个环节中提供了全面的指导，帮助新闻从业者提高工作效率和质量，确保新闻报道的专业性和公正性。通过这些详尽的指导，新闻工作能够更加精确地反映社会现实，促进信息的健康传播，同时增强公众对新闻媒体的信任和依赖。

（四）促进媒体的伦理与责任

新闻理论对促进媒体的伦理与责任有着深远的影响。新闻理论通过明确地界定新闻从业者的职责，为新闻从业者提供了道德指南和操作框架，确保新闻报道在追求新闻价值和吸引力的同时坚守诚信和公正的原则。新闻理论强调了新闻的真实性，真实性是新闻伦理的基石，这就要求新闻从业者必须确保所报道的内容是真实的，来源是可靠的，是经过充分验证的。这包括使用确凿的证据支持报道中的声明以及在报道中提供足够的背景信息，使受众能够全面理解新闻事件。新闻理论还要求新闻从业者在报道中明确区分事实和意见，确保受众不会因混淆两者而误解信息。公正性也是新闻理论强调的关键点，这要求新闻从业者在报道时保持中立，给予所有相关方公平的表达机会，这意味着在涉及争议性问题时，应尽可能展现多方观点，避免片面陈述可能导致的偏见。此外，新闻理论还鼓励新闻从业者挖掘和报道那些被边缘化或忽视的声音，确保新闻的多元性和包容性。

在避免误导公众方面，新闻理论提供了明确的指导原则。新闻从业者必须警惕潜在的误导风险，包括故意夸大事实、选择性报道信息或使用模糊不清的语言。为了避免这些问题，新闻从业者应采取积极措施，例如，使用清晰、精确的表述，提供充分的证据支持其报道，以及在报道中明确指出任何不确定或估计的内容。新闻理论强调了透明性的重要性，为了建立和维护公众的信任，新闻机构应公开其新闻收集和编辑的过程，包括如何选择报道的话题，使用何种信息来源以及如何处理潜在的利益冲突。透明度不仅增强了新闻的可信度，也使受众能够更好地评估信息的价值。新闻理论还强调新闻从业者在维护社会责任方面的作用。新闻媒体不仅仅是信息的传递者，还是公共舆论的形成者和社会的监督者。因此，新闻从业者有责任通过其报道促进公共利益，包括揭露社会不正之风、促进政策变革以及增强公众对重要社会问题的关注意识。通过这些指导原则，新闻理论确保新闻从业者能在迅速变化的媒体环境中保持高标准的专业性和道德性，同时为公众提供高质量、有深度的新闻报道。

（五）影响新闻教育与培训

新闻理论在新闻教育与培训中的应用极为广泛，它不仅塑造了新闻专业人士的基本素养，还对整个新闻行业的质量标准和职业操守产生深远影响。通过系统的教育和培训，新闻从业者能够更好地理解新闻的社会职责，提升报道的质量和深度，同时也为公众的知情权和社会的透明度作出贡献。新闻教育和培训强调理论知识与实践技能的结合。在新闻教育中，新闻理论的教学不仅限于书本知识的传授，更重要的是将这些理论应用于实际新闻工作中。教育者鼓励学生通过模拟报道、现场采访和新闻编辑等实践活动来深化理论知识的理解，这种教学方式帮助学生在真实的新闻环境中锻炼和提升自己的新闻采集、写作和编辑能力，从而为他们进入复杂多变的新闻行业做好准备。

此外，新闻理论的教育还特别强调伦理和责任感的培养。新闻从业者在传递信息的同时也承担着塑造公众观念和影响社会政策的重要职责。因此，新闻教育中一个重要的部分就是教授学生如何在遵循职业道德的前提下进行报道，这包括如何公正处理新闻源、如何在报道中保持中立，以及如何在尊重隐私和促进公众利益之间找到平衡点。通过这些教育，新闻从业者能够在职业生涯中更好地面对道德和法律的挑战。新闻理论的教育和培训还应关注新媒体技术的发展。随着技术的进步和媒体环境的变化，新闻从业者必须掌握最新的媒体技术和工具，如数字编辑软件、社交媒体平台操作和数据分析技能，这些技术和工具不仅提高了新闻报道的效率和互动性，还能帮助新闻机构更好地适应数字时代的需求。新闻教育和培训也非常注重批判性思维的培养，在面对日益复杂的社会现象和多元的信息源时，新闻从业者必须能够独立思考，批判性地分析信息的真实性和报道的影响。这种思维能力是新闻职业的核心，也是保障报道质量和深度的关键。通过上述多方面的教育和培训，新闻理论为新闻从业者提供了一套全面的职业发展工具，不仅增强了他们的实践能力，还提升了他们对新闻职业的理解和尊重。这种教育和培训不仅对个人职业生涯有着重要影响，也对整个社会的信息质量和公共舆论环境产生深远影响。

第二节　新闻理论对实践的指导作用

一、提升报道质量

新闻理论通过提供一套全面的方法论和指导原则，为新闻从业者在处理复杂信息时指出了明确的方向。这种理论支撑不仅能够帮助新闻从业者识别和处理信息，也强调了报道的深度与准确性，从而提升报道的整体质量。新闻理论还教导新闻从业者如何有效地筛选信息。在信息爆炸的时代，面对大量杂乱无章的数据和消息，新闻从业者需要能够迅速识别出具有新闻价值的信息。新闻理论中的各种模型和框架强调了新闻选材的过程中必须考虑的各种因素，包括新闻价值的时效性、重要性、接近性、显著性和趣味性等。这些新闻理论帮助新闻从业者在众多信息中快速作出判断，选取最具新闻价值的内容进行报道，避免了大量无关紧要的信息浪费资源和分散公众注意力。新闻理论强调对事实的深入挖掘和背后逻辑的探索，如新闻框架理论，教导新闻从业者如何构建报道的框架，从多个维度解读新闻事件，不仅报道新闻事件本身，更要探讨新闻事件背后的社会、政治、经济因素，这种深入的分析能够帮助公众更全面地理解新闻事件，不被表面现象所迷惑。例如，对经济危机的报道，新闻从业者不仅应报道危机发生的事实，更应深挖其触发因素，如政策变动、市场失衡等，提供更为深入的解释。这样的报道才有助于公众理解复杂的经济现象，作出更为理智的决策。

此外，新闻理论还强调报道的伦理性和责任性。新闻从业者在报道时应秉持对社会负责任的态度，公正地报道新闻。新闻伦理提倡新闻报道在追求真相的同时还应保护好受新闻报道影响的人的权益，避免造成不必要的伤害。例如，在报道涉及个人隐私或是悲剧事件时，新闻从业者应当严格遵守报道的界限，尽可能在不侵犯个人隐私的前提下进行报道，确保新闻的伦理性和责任性不受损害。新闻理论在教育、培训新闻从业者方面起到了关键作用。通过对新闻理论的系统学习，新闻从业者可以不断提升自己的专业技能，例如，采访技巧、数据分析能力和批判性思维能力。这些技能对提升报道的质量至关重要，而新闻教育机构和培训项目则通过模拟报道、实地采访和案例分析等形式，帮助新闻从业者将理论知识转化为实际操作能力，从而在实际工作中更好地应用新闻理论，提高工作效率和报道质量。

新闻理论在提升报道质量中扮演着不可替代的角色。通过新闻理论的指导，新闻从业者能够更加科学地处理信息，深入分析事件，严守职业伦理，不断提升自身能力，从而有效地提高新闻报道的质量和影响力。

二、增强新闻内容的社会责任感

新闻理论的深刻影响在于它能够使新闻从业者在执行其日常职责时，始终保持对社会责任的敏感和忠诚。这种责任感不仅体现在选择报道什么样的新闻上，更体现在如何报道这些新闻上。理论的指导使得新闻从业者能够在报道中公正地反映不同的观点和声音，而不是单方面地推动某种特定的议程。新闻理论通过强调信息的多元化和包容性，增加了新闻内容对社会的贡献。在新闻理论的指导下，新闻机构努力覆盖更多社会群体，尤其是那些在传统媒体报道中可能被忽视的边缘群体，例如，关注低收入家庭或残障人士的问题。这样做不仅扩大了新闻报道的范围，也提高了新闻作品的社会价值和影响力。这种包容性的报道可以帮助社会更全面地理解和解决其面临的问题，从而推动社会的整体进步。新闻理论还强调了新闻机构在面对国家和社会重大事件时的角色。在处理危机报道，如自然灾害、重大政治变动或经济危机时，新闻理论指导新闻从业者进行快速准确且深入的报道，这种报道不仅提供救灾的信息或应对措施，还分析事件可能带来的长远影响，帮助公众和政策制定者作出更为明智的决策。

在实践中，新闻理论还鼓励新闻从业者利用现代技术来提升报道的深度和广度以增加新闻内容的社会责任感，例如，利用大数据来分析揭示社会趋势，使用人工智能技术进行内容的筛选和报道的个性化，或通过互联网提供交互式新闻体验。这些技术的应用不仅提高了新闻报道的效率，也增强了新闻内容的吸引力和受众的参与度，使新闻报道能够更好地服务于社会和公众。新闻理论促使新闻从业者在报道中体现道德勇气，尤其是在面对压力和挑战时应保持报道的独立性和客观性，这包括在抵制商业利益对新闻内容的影响以及在面临道德困境时作出正确的选择。新闻理论不仅指导新闻从业者如何做好新闻,更重要的是教会他们为什么以及为谁去做新闻。新闻理论在实际操作中的应用显著增强了新闻内容的社会责任感,确保新闻媒体在促进社会正义和公共利益方面发挥着不可替代的作用,这不仅提升了新闻职业的公信力,也加强了公众对媒体的信任和依赖,共同促进了社会的健康和谐发展。

三、提供决策支持与风险评估

新闻理论的深入应用,于实际新闻工作中,特别是在为决策提供支持和进行风险评估方面,显得尤为重要。新闻不仅仅是传递信息,更通过其影响力参与到社会决策和公众意见的形成过程中,因此,新闻从业者必须充分理解他们的工作对社会可能产生的深远影响,并采取适当的措施以控制这些影响,确保信息传播的效果。新闻理论强调对信息源的严格把控和验证,这对确保报道的质量和准确性至关重要。在进行风险评估时,新闻从业者通过应用新闻理论,能够辨别不同信息源的可靠性,选择最合适的报道角度以及决定如何平衡报道中的不同观点。这种方法不仅增强了报道的客观性,也提高了公众对媒体机构的信任度。

新闻理论的应用有助于新闻从业者预测和评估新闻报道可能带来的社会反应。通过理论指导,记者和编辑能够更好地理解特定报道可能引发的公共情绪动态,从而预先准备好应对策略。例如,在报道可能引起公众强烈情绪反应的事件时,新闻理论的应用可以指导新闻从业者采用更为谨慎和平衡的报道方式,避免不必要的社会恐慌或冲突。此外,新闻理论还强调在报道过程中积极采用道德框架来指导决策,这意味着在报道敏感或具有争议性的话题时,新闻从业者不应只考虑报道的新闻价值和吸引力,还应重视其对社会道德和价值观的影响。因此,新闻媒体不仅是信息的传播者,也是社会道德和价值观的维护者。

在实际操作中，新闻理论的应用促使新闻从业者在报道前进行全面的情境分析，包括评估报道可能触及的社会、政治和经济因素。这种全面的分析可以帮助新闻从业者制订出更加周全的报道计划，不仅涵盖了事件的基本信息，也深入探讨了其可能的社会影响和长远后果。通过理论的指导，新闻从业者能够更有效地在报道中揭示复杂问题的多种维度，为公众提供更加丰富和深入的视角，这不仅增强了新闻内容的教育价值，也提高了公众的信息素养，使他们能够基于更全面的信息作出更明智的决策。因此，新闻理论在新闻实践中的应用极为重要，它不仅提高了新闻报道的质量和专业性，也确保了新闻工作在社会中的责任感和影响力。通过这些理论的应用，新闻从业者不仅是信息的传播者，更是社会责任的承担者，为构建一个更加开放和健康的信息环境作出了积极贡献。

四、加强新闻从业者的专业技能

新闻理论为新闻从业者提供了全面的理论背景，为实践提供了指导和支持，从而有助于他们在日益复杂的信息环境中有效地工作。通过对新闻理论的深入理解和应用，新闻从业者可以提高其采集、处理和呈现新闻的能力，确保新闻的质量和影响力。新闻理论强化了从业者在新闻采集过程中的批判性思维能力。在实际工作中，批判性思维是区分信息真伪、重要性以及决定新闻角度的关键。新闻理论通过训练从业者识别偏见、评估信息源的可靠性以及分析背景信息，为新闻从业者提供了系统化的方法论。这种批判性的视角不仅能帮助新闻从业者把握报道的深度和广度，还能够提升其对公众议题的敏感性，确保报道的全面性和多元性。新闻理论增强了从业者的叙事技能。在新闻报道中，有效的叙事技能是吸引和保持受众注意的关键，新闻理论教授从业者如何构建引人入胜的故事框架，如何使用语言和图像等多种元素创造情感共鸣，这不仅涉及文字的运用，还包括视觉和听觉元素的整合，使得报道能够在多个平台上有效传播。通过这种多维度的叙事方法，新闻不仅传递了信息，还增强了信息的感染力和影响力。

此外，新闻理论也指导新闻从业者有效地运用现代技术。在数字化时代掌握最新的媒体技术对新闻从业者至关重要。新闻理论提供了关于如何有效利用数字工具、社交媒体和数据分析等的指导，使从业者能够在快速变化的技术环境中保持竞争力。例如，新闻理论教授从业者如何通过社交媒体进行实时报道，或者如何使用大数据分析预测新闻趋势从而更加精确地满足受众需求。在职业发展方面，新闻理论的教育意义也十分显著。通过系统的理论教育和实践培训，新闻从业者不仅能提升个人技能，还能在职业道德和社会责任感方面得到加强。这种教育不仅限于新闻专业技能的提升，还包括对新闻职业的全面认识，帮助从业者形成正确的职业观和价值观。新闻理论的学习和应用对新闻从业者的专业技能提升至关重要，它不仅提高了他们的采集、处理和呈现新闻的能力，还加强了他们在技术运用、批判性思维和伦理责任感等方面的素养，全面提升了新闻从业者的专业水平和社会影响力。

五、指导媒体应对新兴挑战

新闻理论的更新和实施为媒体行业提供了有效的工具和策略，以应对快速变化的媒体环境中出现的新挑战。随着技术的发展，尤其是数字技术的广泛应用，媒体行业正面临着从内容创建到分发渠道再到受众互动方式的全方位变革，新闻理论不断地适应这些变化，提供了必要的理论支持以确保新闻从业者能够有效地应对这些新兴的挑战，并利用新技术来提高新闻报道的质量和效率。新闻理论还关注如何有效地利用数字工具进行新闻采集和报道。在数字化的环境中，数据的采集和处理变得尤为重要，新闻理论通过引入数据新闻学等子领域，帮助从业者学习如何利用大数据、人工智能等技术来挖掘新闻线索、分析数据并将复杂的数据信息转换为易于公众理解的新闻报道。例如，通过使用数据可视化技术，新闻从业者可以更直观地展示复杂的数据，使得报道不仅信息量大而且更易于受众消化理解。新闻理论还着重指导媒体如何在全球化的背景下开展跨文化报道。随着互联网的普及，新闻的传播已经不受地理界限的限制，新闻理论强调了国际视野的重要性，指导新闻机构如何处理和报道国际新闻，尊重不同文化的多样性和特点，这不仅增强了报道的全球相关性，也提升了媒体品牌的国际形象。新闻理论中还包含如何遵守国际新闻报道标准和伦理，确保报道的公正性和客观性。

此外，面对信息过载的挑战，新闻理论提供了关于如何筛选和验证信息的指导。在社交媒体和网络平台充斥着大量未经验证信息的今天，确保新闻的真实性和可靠性尤为重要。新闻理论强调事实核查的必要性，教授新闻从业者如何通过多渠道验证信息的真实性，如何辨识和防止假新闻的传播，以及如何通过透明和负责任的报道来建立和维护公众的信任。新闻理论也强调了新闻从业者的职业道德和社会责任。随着新媒体的出现，新闻从业者面临的伦理挑战更为复杂，包括隐私保护、版权问题以及社会责任等。新闻理论应不断更新处理这些新兴问题的方式，指导从业者如何在追求新闻速度和吸引力的同时保持职业道德，确保新闻行业能在遵守职业伦理的基础上，利用新技术提高报道的质量和社会影响力。这种理论与实践的结合是媒体持续发展的关键，使其能够在不断变化的环境中维持专业性和社会责任感。

第三章　实践经验的不可或缺性

第一节　实践在新闻工作中的作用

一、增强新闻采集的敏锐度

新闻采集的敏锐度对于新闻从业者而言是一种宝贵的职业技能，它使得从业者能够在众多信息中快速捕捉到具有新闻价值的素材，是他们在新闻界立足的关键。然而，这种敏锐度并非一朝一夕所能培养，而是通过长期的一线工作经验，不断磨炼和提升的结果。在快速变化的新闻环境中，拥有能够迅速响应并准确采集信息的能力，对增强新闻报道的时效性和深度都是至关重要的。长期的一线工作经验能够极大地提高新闻从业者对环境变化的敏锐度，这种敏锐度是新闻从业者能力的体现，它能帮助新闻从业者在日常生活中发现潜在的新闻线索，识别哪些事件可能对公众产生较大的影响力。例如，在政治集会、社会活动或公众事件中，经验丰富的记者能够通过对人群情绪、事件进程和关键人物的观察，迅速作出判断，挖掘背后更深层次的新闻价值。

新闻从业者的一线工作使他们能够与信息源建立直接的联系，与信息源的直接接触不仅能提供更为准确和深入的报道材料，还能建立起信任关系，这对于获取独家信息和深度报道尤为重要。例如，在处理敏感或复杂的新闻事件时，记者与信息提供者之间的信任关系能够确保获取到更多核心的、隐私的信息，从而使报道更有深度和更全面。一线经验也极大地提升了新闻从业者对复杂情况的应对能力。在紧急或突发事件发生时，经验丰富的记者能够迅速反应，冷静应对，采取合适的报道策略，这不仅需要记者具备快速收集信息的能力，还需要他们能在压力之下保持清晰的判断力和决策力，在提高报道效率的同时确保报道的准确性。

一线工作还培养了记者的创新能力和多角度思考的能力。面对日益同质化的新闻报道，能够从不同角度切入，提供独特视角的报道会更容易吸引读者的注意。一线工作中的不同体验可以激发记者的创造力，使他们能够用新颖的方式来呈现信息，增强报道的吸引力和阅读价值。长期的一线工作提供了提高职业技能的机会。与在办公室内通过电话或电子邮件收集信息相比，一线采访让记者有机会直接面对事件和新闻人物，这种直接的接触是提升采访技巧、提问技巧和现场应变能力的有效途径。此外，一线经历使记者能够更深刻地理解报道主题，从而在报道中提供更为丰富和准确的细节，提高报道的可读性和传播效果。一线工作不仅增强了新闻从业者的新闻采集敏锐度，还全面提升了他们的职业技能和报道质量。这种通过实践不断学习和成长的过程，是新闻从业者职业生涯中不可或缺的一部分，对提升整个新闻行业的专业水平具有重要意义。

二、提升报道的真实性与深度

实践经验对新闻从业者来说，不仅仅是一个技能的积累过程，更是一个提升报道真实性和深度的必经之路。通过深入现场，新闻从业者可以目睹事件，听取当事人的声音，极大地增强了报道的真实性，因为他们基于最直接的观察和经验，而不是通过其他媒介间接获得信息。在实际操作中，丰富的实践经验使新闻从业者能够敏锐洞察事件背后的复杂性。他们通过与事件的直接接触，能够观察到表面报道之下的多种可能性和复杂性，如社会背景、文化因素、经济条件等，这些都是坐在办公室里无法深刻理解的，这种深入的洞察力使报道不仅仅停留在表面的事件描述上，而是能够探讨事件的根本原因和可能的长远影响，从而极大地增强了报道的深度。此外，一线工作经验也让记者学会了如何在紧张和复杂的环境中快速作出判断，并找到最关键的新闻线索，这种能力是在日复一日地采访和报道中磨炼出来的，它要求记者不仅要有敏锐的观察力，还要有迅速吸收和处理信息的能力。记者在现场时往往需要在有限的时间内作出多个判断,比如确定采访哪些人、哪些问题是重点、怎样的角度最能抓住事件的核心等,这些决策直接影响到报道的质量和深度,而这些能力也只有通过不断的实践才能培养出来。

经验丰富的记者在处理复杂或敏感的新闻主题时,能够更加深入和细致地探索问题,避免表面化和简单化的报道。他们能够利用自己的经验来判断哪些信息是关键,哪些细节不容忽视,这样的报道更能触及问题的核心,引起公众的思考和共鸣。同时,他们在报道时也更加注重信息的多元性,力求从多个角度展现事件,为公众提供全面、多层次的视角。实践经验还提升了记者的伦理自觉。在实际工作中,记者会遇到各种各样的伦理挑战,比如如何平衡报道的深入性与个人隐私的保护、如何在速度与准确性之间找到平衡等,这些挑战需要记者在实践中不断学习和调整,形成自己的职业判断和道德底线。这种基于实践的伦理自觉对于提升报道的真实性和深度至关重要,它保证了新闻工作者的社会责任感和职业诚信。因此,实践经验对于新闻从业者而言,是提升报道真实性和深度的关键。通过长期的一线工作和实践,新闻从业者能够获得宝贵的第一手资料,深入事件的多个层面,全面而深刻地报道新闻,真实地反映社会的各个方面,增强公众对媒体的信任和对报道内容的满意度。

三、改进新闻编辑和制作流程

实践活动在新闻编辑和制作过程中的作用不仅体现在技能的提升上,还体现在提高新闻工作的整体效率和创新能力上。通过实际操作,新闻从业者能够不断探索和创新报道形式,适应快速变化的媒体环境,满足不断变化的受众需求。深入的实践活动使新闻从业者能够更好地理解受众的需求,在采集和制作新闻内容时,新闻从业者通过直接与受众的交流和反馈,能够更准确地把握受众的兴趣点和信息需求。这种对受众需求的敏感度是在实践中逐渐培养起来的,它要求新闻从业者不断地在工作中调整自己的报道策略和内容，以便更好地服务于公众。

此外，实践经验也促使新闻从业者在报道中使用更多创新的技术和手段。随着新技术的不断发展，如虚拟现实技术（VR）、增强现实技术（AR）等的应用，为新闻报道提供了新的表现形式和叙述手法，新闻从业者通过实践掌握这些技术，能够创造出更具吸引力和沉浸感的新闻产品，满足现代受众对新闻体验的高要求。实践中的创新不仅限于技术应用，还包括新闻写作和故事叙述的创新。通过不断尝试不同的写作风格和叙述技巧，新闻从业者可以发现哪些方法最能有效传达信息并引起受众共鸣，这种创新意识的培养是实践经验不断积累的结果，它使新闻内容更具生动性和感染力，从而提高新闻作品的传播效果。在实践活动中，新闻从业者还学习如何更有效地协调和管理新闻制作流程，这包括如何优化团队协作、时间管理和资源分配，以确保新闻项目的高效执行。通过实际操作，新闻从业者可以更好地理解各个环节的时间成本和工作强度，从而制订更加合理的工作计划，提高整体工作效率。通过深入的实践活动，新闻从业者不仅可以提高自己的职业技能，还可以在实际工作中学习如何应对各种挑战、创新报道方式和提升工作效率，这种从实践中不断学习和创新的过程是提升新闻报道质量和效率的关键，也是新闻行业持续发展的动力源泉。

四、促进团队协作与沟通

在新闻报道中，团队协作与沟通的重要性不容忽视，有效的团队协作可以显著提升新闻报道的效率和质量，而良好的沟通则是确保团队协作顺畅进行的基础。通过实践活动，新闻从业者能够在真实的工作环境中锻炼和提升这些关键能力。团队协作体现在对各种报道任务的高效分配和执行上。在紧急新闻事件发生时，团队需要迅速反应，合理分配采访、写作、编辑、制作等任务，确保可以在第一时间发布准确而深入的报道。

例如，一个团队在处理重大新闻事件时，领队可能会根据每个成员的专长和经验迅速分配任务，如将资深记者派往关键采访地点，让技术熟练的编辑负责快速剪辑视频素材，同时让擅长写作的成员负责撰写新闻稿件。这种高效的角色分配不仅提升了工作效率，也确保了报道内容的全面和深入。团队沟通则强调了信息透明和即时反馈的重要性。在快速变化的新闻环境中，团队成员必须保持持续和开放的沟通，以便于及时分享最新信息和进展，同时解决在报道过程中遇到的问题。有效的沟通可以帮助团队避免重复工作，减少误解和错误，从而提高报道的准确性和可靠性。例如，团队可以定期进行简短会议或通过即时通信工具保持联系，确保每个人都了解当前的工作进度和即将面临的挑战。

此外，实践经验也有助于团队成员在危机产生情况下采取有效的应对策略。在面对压力和不确定性时，团队内部的支持和合作尤为关键。经验丰富的团队领导可以指导成员如何在压力环境中保持冷静，如何有效处理突发情况，同时，团队成员之间的互助也是解决问题的重要途径，共同经历危机可以进一步加深团队成员之间的信任和凝聚力。团队协作和沟通的优化还体现在对技术和资源的共享利用上。在数字化多媒体时代，团队成员可以共享技术工具和数据资源，合作制作多媒体内容，如视频、图表和互动元素。这不仅丰富了报道形式，也提高了新闻内容的吸引力和影响力。通过技术的共享和合作创新，团队可以更好地适应新媒体时代的要求，提升新闻报道的专业水平和公众影响力。团队协作与沟通是提升新闻报道质量和效率的关键，通过有效的角色分配、持续的信息交流、危机管理和技术共享，新闻团队可以更加灵活和有力地应对各种报道挑战，为公众提供高质量的新闻服务。

五、增强对公众反应的预测和管理

通过实践经验的积累，新闻从业者能够更加深入地掌握与公众互动的技巧和方法，有效地管理和引导公众的反应，增强新闻报道的社会影响力和接受度。在现代媒体环境中，公众的参与和反馈已成为新闻流程不可分割的一部分，因此，如何管理这些反馈、如何利用这些互动来提升新闻的质量和深度，是每个新闻从业者必须面对的挑战，而实践经验则让新闻从业者能够更精确地预测公众的情绪和反应。新闻事件往往涉及复杂的社会背景和人物关系，通过实际报道和反馈收集的经验，新闻从业者可以逐渐识别出触动公众情绪的要素。例如，在报道社会冲突或政治事件时，新闻从业者通过之前的实践经验，可以预判哪些信息发布可能会引起公众激烈的情绪反应，从而在报道中采取更加谨慎的表达方式，减少不必要的社会动荡。实践经验提升了新闻从业者处理公众反馈的能力。在新闻发布后，公众的评论、问题和批评是常见的反馈形式，经验丰富的新闻从业者能够从这些反馈中迅速识别出有价值的信息。比如，对报道的纠正、补充或者深度解读的建议，这些反馈有助于及时修正报道中的错误，丰富报道的内容，甚至改变报道的方向。此外，有效的反馈处理还能增强公众对媒体机构的信任感和满意度，建立长期的受众基础。

实践经验使得新闻从业者能够更好地利用现代技术与公众进行互动。随着社交媒体和移动通信技术的普及，新闻的传播和反馈渠道更加多样和即时。新闻从业者通过实践，学习如何在这些平台上有效发布新闻、如何监控和引导线上的讨论方向，以及如何利用这些平台进行危机管理和舆情调控。例如，一条可能引发争议的新闻报道，通过提前在社交媒体上发布相关背景介绍和数据支持，可以在一定程度上减轻公众的疑虑和负面反应。长期的实践经验还能帮助新闻从业者在报道中更好地平衡不同群体的声音，维护社会的多元化和包容性。在报道涉及少数群体或边缘群体的新闻时，如何公正地传达他们的声音、如何避免加剧社会分裂，是测试新闻从业者专业素养的重要方面。通过实地采访和长时间的观察，新闻从业者可以更真实、全面地展现这些群体的生活和需求，从而增强报道的深度和广度。实践经验在新闻工作中的积累对于预测和管理公众反应至关重要，不仅能提升新闻内容的真实性和深度，还能增强媒体与公众之间的互信和互动，促进新闻媒体在现代社会中的健康发展。

六、应对突发事件的快速反应能力

实践经验为新闻从业者在应对突发事件中的快速反应提供了坚实的基础，这种经验不仅使从业者能够在高压环境下迅速作出反应，还能帮助他们在紧急情况下保持高度的专业性和准确度。在现实工作中，面对紧急事件如自然灾害、重大交通事故或社会动乱等，新闻从业者必须快速收集信息、判断情况并进行有效报道，这些能力都离不开丰富的实践经验。只有通过不断的现场报道实践，新闻从业者才能逐渐积累出如何在极短时间内获取关键信息的能力，这包括快速识别信息源、有效利用现有技术进行迅速报道，以及通过直观的判断来选择最合适的报道角度。例如，经验丰富的记者会知道在灾难现场哪些角度最能传递事件的紧迫性和严重性，哪些信息是受众最需要了解的。此外，实践经验还教会了新闻从业者如何在报道过程中处理和传达复杂情况下的信息。在紧急事件发生时，信息往往是片段化的，随着状况的不断变化，新闻从业者需要具备能够迅速整合这些信息的能力，提供清晰、连贯且准确的报道。这种能力的培养依赖于新闻从业者在不同情境下的应对经验，这些经验使他们在混乱中保持冷静，快速作出判断。

实践经验同样增强了新闻从业者与紧急响应团队之间的协同作业能力。在处理大规模的紧急事件时，与警方、消防队、医疗急救人员以及其他相关机构的有效沟通极为重要，经验丰富的新闻从业者知道如何与这些团队有效沟通、如何获取他们分享的关键信息，并了解在报道中应尊重哪些法律和伦理界限。通过实践中不断挑战和经验积累，新闻从业者不仅提升了自己的职业技能，更学会了在压力中寻找信息、验证事实并迅速采取行动的技巧，这使得他们在突发事件报道中能够更加精确和深入，不仅仅是作为信息的传递者，更是公众理解复杂事件的桥梁。实践经验在新闻行业中的价值不容忽视，它不仅提升了新闻从业者的个人能力，更加强了整个新闻团队在面对不可预测事件时的整体响应能力，从而确保了新闻报道的时效性、准确性和深度，这种实践驱动的学习和发展是新闻职业持续进步的关键。

第二节　通过实践培养的关键技能

一、批判性思维与分析能力

批判性思维与分析能力在新闻从业者的职业生涯中扮演着至关重要的角色，不仅涉及对信息本身的评估，还包括对信息背后的社会、政治和经济环境的深入分析。通过实践，新闻从业者能够培养出对复杂现象的洞察力，能够更好地识别新闻报道中的潜在问题和挑战。在新闻报道过程中，批判性思维表现为对事实的严格审查。新闻从业者通过实际工作学会了如何核实每一个细节，如何评估各种数据和证据的真实性和相关性。例如，在处理一个涉及政治争议的报道时，新闻从业者需要能够独立分析各方说法，区分事实、意见和假设，避免被表面现象所误导，这种能力确保了报道不仅仅是事实的复述，还是对事实进行的深入的分析和解读，使得最终的新闻产品对公众更具启发性和指导性。

批判性思维还包括对新闻职业本身的反思，新闻从业者通过不断的实践和自我评估，能够识别和改进自己的工作方式和思维模式。这种自我反思能力是新闻职业持续进步的动力，它促使新闻从业者不断寻求更高的职业标准、更有效的报道方法，并且能够自觉地避免职业习惯可能导致的偏见和错误。通过一线的新闻工作，新闻从业者不断提升自己的批判性思维和分析能力，这不仅有助于提升个人职业技能，也提高了整个新闻行业的专业水平和社会责任感，这种能力的培养和应用，使得新闻报道更加深入和全面，更能满足公众对高质量新闻的需求，促进了社会信息的健康流通和公众意识的成熟发展。

二、高效的信息采集和验证技能

在新闻行业中，高效的信息采集和验证技能不仅是基本要求，更是决定报道成功与否的关键因素。当新闻从业者面对紧急情况或重大事件时，他们必须能够迅速且准确地获取信息，这对他们的专业技能和判断力提出了极高的要求。信息采集不仅涉及对信息的快速接收，还包括对信息的初步分析和筛选，以便确定哪些信息是重要和紧急的。新闻从业者需要在第一时间判断信息的价值，以确保向公众及时传递最有新闻价值的内容。

新闻从业者在采集信息时会通过多种渠道，包括但不限于直接采访、社交媒体挖掘、公共记录查阅、数据分析等方式。例如，在处理突发新闻事件时，记者可能需要迅速联系目击者进行采访，获取第一手的信息，因此他们必须具备良好的沟通技巧和快速的反应能力，以确保能够从目击者那里获得翔实和准确的描述。同时，随着科技的发展，社交媒体成为新闻采集的重要工具，新闻从业者需要有效地使用这些平台，识别和追踪相关讨论，从海量的数据中快速筛选出有价值的信息。然而，信息的采集只是第一步，验证这些信息的真实性和准确性则是更加复杂和关键的环节。在当前信息爆炸的时代，假新闻和误导性信息层出不穷，新闻从业者必须具备严谨的态度，采用专业的验证方法，才能确保报道的真实性和可靠性。验证信息的方法包括但不限于核对多个来源的信息、访问相关官方记录，以及使用科技工具进行事实检查等。此外，对于涉及专业领域的报道，新闻从业者还需要联系领域内的专家进行专业意见求证。在验证信息的过程中，细节是至关重要的。例如，在报道一起事故时，新闻从业者不仅要获取事故的基本情况，如时间、地点、受影响的人数等，还需要了解事故发生的具体原因、相关责任方的信息以及官方的应对措施等，每一项信息都需要有可靠的来源支持。新闻从业者需要通过不同渠道进行交叉验证，确保所有报道的信息都是准确无误的。

经验在新闻采集和验证过程中同样扮演着重要角色。随着从业时间的增加，记者会逐渐积累起对某一领域或某种类型事件的深入了解，这种专业知识可以帮助他们更快地识别关键信息，更准确地进行事实核实。此外，经验丰富的记者也会建立起广泛的信息网络，包括信得过的消息源、专家和官方渠道，这些都将大大提高新闻报道的速度和质量。培训和持续教育也是提高信息采集和验证技能的重要途径。许多新闻机构会定期为员工提供培训，培训涵盖最新的信息技术工具、法律法规更新，以及新兴的社交媒体平台的使用等方面。通过这些培训，新闻从业者不仅可以更新他们的专业知识和技能，还可以与同行交流经验，共同探讨如何在新的媒体环境下维持新闻的准确性和可靠性。高效的信息采集和验证技能不仅增强了新闻的权威性和公众的信任，还对社会的透明度和公正性有着深远的影响。通过不断的实践和经验积累，新闻从业者的这一技能能够在为公众提供真实、准确、及时的新闻信息方面发挥至关重要的作用，因此，不断提高信息采集和验证的效率与准确性，不仅是新闻从业者职业发展的需要，也是整个新闻行业对社会责任的一种体现。

三、强化写作与叙述技巧

强化写作与叙述技巧是提升新闻报道质量和影响力的关键。新闻从业者通过不断的写作实践，不仅提升了个人的表达能力，更深入理解了如何有效传达信息给目标受众。高质量的新闻写作不仅需要准确无误地传达事实，还要能够以引人入胜的方式呈现，使读者即便在信息爆炸的时代也能被吸引和留住注意力。实践使得新闻从业者能够不断磨炼其语言的精确性和表达的清晰性。良好的新闻写作并不是简单地堆砌事实，而是要在确保信息准确的基础上，有效地组织语言和结构，使得整篇文章逻辑清晰，观点明确。这种能力的提升，往往需要积累大量的写作经验。新闻从业者在日复一日的报道工作中，通过不断反思和修改，逐步学会了如何选择最合适的词语、构建条理清晰的段落以及运用恰当的过渡句。

此外，写作实践还培养了新闻从业者在不同新闻体裁中切换的能力。新闻报道可能是事实性的直播报道，也可能是深度的特写，抑或是观点鲜明的评论文章。每一种体裁都有其独特的写作技巧和叙述方式。例如，新闻报道强调速度和准确性，特写则更侧重于细节的描述和背景的深挖，评论则需要逻辑严密且富有说服力的论点。通过在不同领域的写作实践，新闻从业者能够更好地掌握各种写作风格和技巧，以适应不同的报道需求。有效的叙述技巧还包括如何通过故事讲述来吸引读者。人类天生喜欢故事，一个好的故事能够激发读者的情感共鸣，从而增强信息的传播效力。新闻从业者通过实践学会了如何构建有力的故事框架，如何设定引人入胜的开头、悬念丛生的中间以及满足人心的结尾。这种技能的提升，让新闻不再是冷冰冰的事实陈述，而是变成了一次次情感丰富、引人思考的体验。

写作实践还帮助新闻从业者更好地理解和满足受众需求。随着社会的发展和技术的进步，受众的信息消费习惯和需求也在不断变化，新闻从业者需要不断调整自己的写作策略和内容以适应这些变化。这包括学会如何使用更符合现代读者阅读习惯的简洁语言，如何在社交媒体平台上有效地传播新闻，以及如何利用多媒体元素增强报道的吸引力和可读性。这些技能的学习和应用，都需要大量实践和不断调整优化。通过持续的写作实践，新闻从业者能够建立起自己独特的声音和风格。在新闻行业中，拥有独特个人风格的新闻从业者往往能更好地建立个人品牌，吸引固定的读者群，这种风格的形成是长期写作实践和不断自我反思的结果。通过持续的探索和实验，新闻从业者能够找到最适合自己也最能触动受众的表达方式。通过不断实践和经验积累，新闻从业者的写作与叙述技巧得以提升，使得他们能够在瞬息万变的新闻环境中，更有效地完成报道任务，更好地服务于公众，满足社会对高质量新闻的需求。这不仅是个人职业成长的必经之路，也是整个新闻行业持续进步和适应时代发展的体现。

四、媒体技术的应用和创新

在当今迅速变化的媒体行业中，掌握并创新媒体技术成为新闻从业者的一项核心技能。随着科技的飞速发展，新闻从业者必须紧跟科技趋势，以确保他们的报道既符合时代需求，又能有效地触及广大受众，这种对技术的应用不仅局限于提升个人工作效率，更涉及如何通过技术创新来推动新闻报道的形式、内容和传播路径的革新。数字编辑工具的精通是新闻从业者不可或缺的技能之一。随着多媒体内容成为新闻报道的标准配置，熟练运用图像编辑、视频剪辑和音频处理软件等工具变得极其重要，例如，Adobe Premiere、Final Cut Pro 等视频编辑软件可以帮助记者快速剪辑报道视频，而 Photoshop 等图像处理工具则能够用于优化新闻照片的视觉效果。通过这些工具的应用，新闻内容不仅信息量大，更具视觉冲击力，能够更好地吸引受众的注意力。

除了基本的编辑软件，新闻从业者还须掌握如何通过网页设计和排版软件提升报道的在线呈现。随着越来越多的受众通过互联网获取新闻，优秀的网页设计和用户界面成为吸引和保持读者兴趣的关键。例如，掌握 WordPress 和其他内容管理系统（CMS）的使用，可以让新闻从业者更有效地发布和管理在线内容，而响应式设计则确保内容在各种设备上均可良好展示。从智能手机到平板电脑，社交媒体平台的运用能力也是新闻从业者必须精通的技术之一。在数字化时代，社交媒体不仅是信息传播的重要渠道，也是与受众互动的重要平台，新闻从业者需要学会如何在社交媒体上有效地发布新闻，如何撰写能够引发读者兴趣和互动的内容，以及如何利用这些平台进行实时新闻报道和公众意见的调查。此外，社交媒体还为新闻提供了即时反馈，新闻从业者可以即时获取读者的反馈，对报道进行调整和优化。

移动设备的使用同样重要。随着移动互联网的普及，新闻从业者越来越依赖于智能手机、平板电脑和便携式摄像机进行新闻采集和报道，这些设备不仅便于携带，还能实现录音和拍摄。通过这些移动设备，记者可以在任何时间、任何地点捕捉到新闻事件，实时上传新闻素材，极大地提高了新闻报道的时效性和灵活性。例如，使用智能手机进行现场直播已经成为许多突发新闻事件报道的常态。技术的不断创新和应用，让新闻报道工作不断超越传统框架，向更具动态、互动性和个性化的方向发展。通过实际操作和不断实践，新闻从业者能够掌握这些先进工具和平台，不仅提高了自身的工作效率，更通过创新的方式加强了新闻的影响力和传播度。从虚拟现实技术、增强现实技术的使用到人工智能技术在数据新闻中的应用，每一项技术的融入都可能成为推动新闻业发展的新动力。通过对媒体技术的深入了解和应用，新闻从业者不仅能够优化现有的报道方式，还能探索和开创新的报道手法，更好地满足日益多样化的受众需求。这种技术能力的提升，不仅是对个人职业技能的增强，更是对整个新闻行业未来发展趋势的一种适应和回应。只有通过不断的技术学习和创新实践，新闻从业者才能够在信息爆炸的时代中，确保新闻的质量和影响力，维护和提升媒体的公信力。

五、管理压力与时间的能力

在新闻报道领域，管理压力和时间不仅是基本技能，更是决定新闻从业者能否成功应对日常挑战的关键因素。新闻界的快节奏和不断变化的环境，要求新闻从业者不仅要具备迅速应对突发事件的能力，同时还要具有在紧迫的截止时间内提供准确无误的报道的能力。因此，有效的压力管理和时间利用能力成为他们必须掌握的核心技能。处理压力的能力是通过在高强度工作环境中不断实践获得的。新闻从业者经常需要在时间紧迫的情况下采集、整理并发布新闻，这种环境自然带来巨大的心理和情绪压力。例如，当处理重大新闻事件时，如自然灾害、重大事故或政治危机，报道的及时性和准确性对公众的影响极大，新闻从业者必须迅速而冷静地作出反应。在这种高压环境下，新闻从业者要学会控制自己的情绪，保持专注并迅速作出决策。通过不断面对这样的挑战，新闻从业者逐步培养出在压力下工作的能力，学会了如何在紧张的氛围中保持清晰的头脑和高效的工作状态。此外，有效的时间管理技能也是在不断的工作实践中锻炼出来的。新闻从业者的工作往往按非标准工时制度进行，因为新闻每时每刻都可能发生，因此，新闻从业者要学会合理安排自己的工作和休息时间，确保在需要工作时能够全力以赴。新闻从业者需要学会如何优先处理重要的任务，如何合理分配时间给不同的报道项目，以及如何在短时间内高效完成高质量的新闻产品。例如，新闻从业者可能需要在一天之内采访多位消息源，撰写数篇新闻稿并进行多次编辑修正，这要求他们必须能够快速地决定哪些工作是最紧急和最重要的，哪些可以稍后处理。

在管理压力和时间方面，新闻从业者还需要学会运用各种工具和技术来提高效率。现代技术，如智能手机和云计算服务为新闻报道提供了极大的便利，使新闻从业者可以随时随地接收信息、撰写报道并与同事沟通。此外，时间管理应用程序，如 Google Calendar 或 Trello 等，可以帮助新闻从业者更好地规划日程、设置提醒和追踪项目进度，从而更有效地管理每日工作。面对持续的工作压力，新闻从业者也意识到了保持身心健康的重要性，他们学会了在繁重的工作之余找到放松的方法，如进行短暂的体育活动、与家人朋友共度时光或进行冥想，这些活动能够帮助他们缓解压力，保持工作和生活的平衡。通过实践经验的积累，新闻从业者不仅提高了处理压力和管理时间的技能，还增强了他们在激烈竞争的新闻行业中生存和发展的能力。这些技能帮助他们在紧张和不断变化的工作环境中保持竞争力，提高工作效率和生产力，确保能够在迅速变化的新闻环境中及时地提供高质量的新闻报道。通过这样的实践，他们不仅为自己的职业生涯铺平了道路，也为媒体行业的发展作出了贡献。

第四章　新闻理论与实践结合的互助效应

第一节　新闻理论与实践结合的优势

一、提高报道的准确性和深度

理论与实践的结合是提高新闻报道准确性和深度的关键，新闻从业者通过将理论知识与实践经验相结合，不仅能够更深入地理解和解释复杂的社会现象，还能够有效地提升新闻报道的专业性和公信力。理论知识为新闻从业者提供了一个强大的分析工具，帮助他们在面对复杂和多变的新闻事件时，能够迅速地识别关键信息并作出准确解读。例如，在报道经济危机时，掌握经济学理论的记者能够更好地分析和解释市场动态、政策变化对普通民众生活的实际影响，以及预测可能的长远影响。这种理论背景不仅增强了报道的深度，也使得内容对专业人士和普通受众都具有吸引力。此外，在处理社会问题和文化事件时，理论知识还能帮助记者采用更加全面和深入的视角。通过应用社会学、心理学和文化学等学科的理论，记者可以更深入地探讨事件背后的社会文化原因，揭示不同社会群体之间的关系，这种深层次的报道不仅丰富了新闻的内容，也提升了公众对复杂社会现象的理解和思考。实践经验则为记者提供了直接接触现实、验证理论的机会。通过亲身体验和观察，记者可以获得第一手的信息和资料，其中包含丰富的细节和真实的情感色彩，从而使报道更加生动、更具现场感。例如，在报道战区或灾区的新闻时，现场的报道可以直接展示受影响地区的实际情况，传达受害者的真实声音，这样的报道往往更能触动人心，引发公众的关注和同情。

理论与实践的结合，也显著提升了新闻报道的视觉和叙述效果。当理论知识与创新的报道技巧结合时，如数据新闻制作与多媒体报道结合，新闻内容就不仅仅可以通过文字叙述，还可以通过增加图表、视频和互动元素，使复杂的信息变得易于理解，更加吸引受众。这种多维度的报道方式不仅增强了新闻的表现力，也极大地提高了受众的阅读体验。在不断变化的媒体环境中，新闻从业者面临的挑战是如何保持新闻的准确性和深度，同时还要满足公众对于信息时效性的需求。在这种环境下，理论的学习和实践的经验都变得尤为重要，理论不仅提供了解释复杂现象的框架，也是判断信息真实性的基础，而实践经验则确保了报道的深度和广度。理论与实践的有效结合，要求新闻从业者不断学习和适应新的理论知识，同时也要勇于深入实际，直面报道一线，只有这样才能不断提升自己的职业技能，提高报道的质量和深度。通过这样的持续努力，新闻从业者可以更有效地服务于公众，制作出质量更高、影响力更大的新闻产品。

二、增强新闻内容的创新性

理论与实践的结合不仅增强了新闻报道的准确性和深度，还提升了新闻内容的创新性。这种创新性体现在多方面，包括内容的独特性、呈现方式的多样化以及对目标受众的精准把握。通过引入多学科的理论支持，记者和编辑能够打破常规，探索和实施新的报道策略，从而吸引更广泛的受众，并提高新闻的社会影响力。理论为新闻从业者提供了一个宽广的视角来观察和解析事件，不同的学科理论，比如政治学的权力动力学理论、社会学的阶级分析法、经济学的市场经济理论等，为新闻报道提供了多维度的分析框架。例如，当报道经济发展相关的新闻时，记者可以结合经济学理论分析政策变动对市场的潜在影响，同时引入社会学理论探讨这些变动对不同社会群体的具体影响，这种多维度的整合不仅丰富了报道的内容，也使报道更加全面和深入，有助于受众形成更为全面的理解和看法。新闻理论的深入学习使新闻从业者能够掌握并运用各种创新的报道技巧和方法，从叙事技巧的革新到信息呈现的多样化，理论的应用推动了报道方式的革新。例如，新闻叙事学理论鼓励使用更具叙事性的方式来讲述新闻故事，这可以通过客观的细节描写、合理的结构安排和清晰的逻辑展开来实现，使得新闻不仅传递了信息，更提供了情感共鸣和思考空间。此外，交互式新闻的兴起也得益于技术发展与传播理论的结合，使得新闻内容更加生动和具有互动性，极大地提高了用户的参与度和满意度。

理论的应用还帮助新闻机构更精准地识别和定位目标受众。例如，运用市场分析理论和受众研究理论，新闻机构可以通过数据分析了解受众的偏好和需求，制定出更符合受众期待的内容策略，针对性地进行内容创作和分发。例如，通过分析受众数据，新闻机构可能发现年轻受众更偏好视觉图像和视频内容，于是增加这些元素在新闻报道中的比例，以提高内容的吸引力和传播效果。现代技术的运用，如人工智能、大数据分析等，也是理论与实践结合的一大创新方向。这些技术能够帮助新闻机构从大量数据中提取有价值的信息，实现个性化内容推荐，甚至自动生成简单的新闻报道。理论提供了这些技术应用的指导原则和使用框架，确保技术的使用能够符合新闻伦理和行业标准，同时增强报道的公信力和权威性。理论与实践相结合在新闻行业中具有至关重要的作用，这不仅提升了新闻内容的质量和深度，也使新闻报道的方式更加多样化，更好地适应了现代社会的发展需求。新闻机构应继续推动理论学习和实践应用的深度结合，以不断提高新闻工作的专业水平和社会效应。

三、优化新闻采集和处理流程

在新闻采集和处理流程中，理论与实践的结合显著提高了工作效率和报道质量，理论知识的应用不仅优化了新闻的采集策略，还提高了信息处理的效率。在新闻采集阶段，理论能够帮助记者和编辑识别并利用高价值的信息源。通过对新闻价值理论的理解，记者能够迅速评估不同事件的新闻价值,决定哪些事件值得深入追踪。此外,对信息传播理论的掌握使得记者能够有效利用现代通信工具和社交媒体,而这些平台也成为快速获取初步信息和公众反响的重要渠道。通过这些理论的应用,记者不仅能快速反应,还能从大量信息中筛选出最具新闻价值和社会影响力的内容。在新闻处理阶段,理论的指导同样发挥着不可替代的作用。在编辑过程中,理论知识,如新闻编辑理论和伦理规范,为新闻从业者提供了编辑和整理新闻内容的框架。新闻编辑理论强调信息的准确性、清晰性和连贯性,指导编辑如何组织报道材料,使得新闻报道既符合逻辑又易于理解。同时伦理理论则指导编辑在处理敏感话题或争议内容时,平衡报道的全面性与避免侵害个人隐私或引发公众不必要的恐慌。

此外,理论在新闻处理中的应用还涉及高级技能的培养,如数据新闻学和调查新闻学。这些理论可以指导记者处理和解读大数据,制作深入的调查报道,而这些报道往往能够揭示社会问题的深层次原因,引发公众和政策制定者的广泛关注。数据新闻学尤其重要,它要求记者具备一定的数据分析能力,能够利用各种数据可视化工具将复杂的数据信息转化为公众易于理解的图表和图形,增加报道的说服力和影响力。理论与实践的结合使新闻从业者能够在快速变化的信息环境中保持竞争力,不断提高新闻报道的质量和效率。通过不断学习和应用相关理论,记者和编辑不仅能够提升个人的职业技能,还能推动整个新闻机构的发展,使其更好地服务于公众,履行新闻媒体的社会责任。在未来,这种理论与实践的深度结合将继续为新闻业的发展带来革命性的变革,帮助新闻机构在复杂多变的全球信息环境中稳健前行。

四、改善新闻机构的决策制定

在新闻机构的决策制定中,理论与实践的结合不仅提升了决策的科学性和系统性,还增强了机构对市场变动的响应能力和战略调整的前瞻性。理论为新闻机构提供了一套完整的决策支持工具，包括环境分析、竞争对手分析以及内部能力分析等方面的理论模型和方法，这些都是制定有效决策的基础。环境分析理论，如 PEST 分析（政治、经济、社会、技术分析），使新闻机构能够全面评估外部环境中的机会和威胁，这种分析能够帮助新闻机构理解和预测政治环境的变化、经济的波动、社会文化的趋势以及技术进步如何影响新闻业务和市场需求。例如，了解社会文化的趋势可以使新闻机构及时调整内容策略，更好地满足多元化和个性化的受众需求。竞争对手分析理论如波特的五种力量模型分析，使新闻机构能够评估行业竞争态势和竞争对手的战略，这一理论的应用可以帮助新闻机构识别竞争对手的优势和劣势，制定相应的竞争策略，例如，通过差异化的内容和服务来获得竞争优势。此外，了解竞争动态还有助于新闻机构预测和准备应对潜在的市场变化，比如新进入者的威胁或替代产品的出现。在内部能力分析方面，SWOT 分析（优势、劣势、机会、威胁分析）为新闻机构提供了一种评估自身资源和能力的框架，从而可以更好地利用内部优势，规避或改善劣势。通过对内部资源的系统评估，新闻机构可以确定其核心竞争力，比如内容生产能力、技术创新能力或品牌忠诚度，并据此制定战略重点，优化资源分配。

此外，理论还指导新闻机构有效利用市场研究和数据分析来支持决策。市场研究可以提供关于受众行为、偏好和需求的详尽信息，数据分析则可以揭示受众互动和内容消费的模式。运用这些信息，新闻机构可以更准确地定位受众，开发针对性的产品和服务，从而提高受众的参与度和满意度。理论与实践的结合还促进了新闻机构在新媒体和数字化转型方面的战略思考。在数字技术日新月异的今天，理论知识如传播学理论和数字媒体理论提供了关于如何有效运用数字工具和平台进行内容创作和分发的见解。这些理论的应用不仅可以帮助新闻机构在技术上保持领先，还确保了其内容策略和商业模式的持续创新与优化。理论与实践紧密结合，在新闻机构的决策制定中发挥着至关重要的作用。通过理论的指导和实践的验证，新闻机构能够制定出更科学、更系统、更符合市场需求的战略决策，有效应对新闻行业内外部环境的变化，从而增强其市场竞争力和行业影响力。

五、增强受众信任和品牌忠诚度

在新闻行业中，提高报道的专业性和深度以及增强受众的信任度和品牌忠诚度，是理论与实践结合所实现的重要目标。这种结合不仅使报道更具深度和准确性，而且有助于建立起受众对媒体品牌的长期信任和忠诚。报道的专业性体现在对事实的准确把握和公正无私的表达上，通过透彻的理论学习，新闻从业者能够更好地理解新闻伦理和职业标准，学习如何在报道中坚持真实性和公正性，避免偏见和错误。例如，国际新闻报道理论强调了跨文化理解的重要性，提醒记者在报道国际新闻时，须克服文化偏见，客观呈现不同国家和文化的多样性，而实践经验则可以使记者能在现场直观地感受和捕捉信息，理论知识则帮助他们在处理这些信息时能够更加精准和深入。

此外，报道的深度涉及对背景信息的充分挖掘和复杂问题的全面分析。理论学习提供了多种分析工具和模型，比如政治经济分析模型，可以帮助记者在报道政治和经济事件时，不仅报道事件本身，还能深挖其背后的经济利益、政治影响等多维度因素。而实践中，记者通过持续的跟踪报道和深入采访，可以获取更多一手资料，将这些复杂的理论与现实相结合，使报道更具吸引力。信任度的增强是基于受众对媒体报道质量的认可，当媒体连续不断地提供高质量、专业性强的新闻产品时，受众的信任自然建立，这种信任不是一蹴而就的，而是通过每一次负责任和准确的报道逐渐积累的。例如，当一个新闻机构在危机事件中提供及时且准确的信息，帮助公众理解情况并作出适当反应时，这种行为能显著提升其信誉。品牌忠诚度的建立则是受众信任度转化为行动的自然结果，忠诚的受众不仅会频繁回访，更会通过口碑推广媒体品牌，成为品牌的有力推广者。在社交媒体时代，受众的每一次分享和推荐都极大地扩散了媒体品牌的影响力，媒体可以通过持续制作高质量的内容，利用理论指导实践，确保每次报道都能满足甚至超越受众的期望，从而不断加强这种忠诚度。通过理论与实践结合，新闻机构不仅能提升报道的专业性和深度，还能在竞争激烈的媒体市场中塑造并维持强大的品牌忠诚度。这种持续的信任和支持是媒体可持续发展的关键，也是新闻机构赢得市场领先地位的重要策略。

六、新闻理论指导新闻伦理和社会责任

在现代新闻业中，新闻伦理和社会责任的概念日益成为核心议题，特别是在信息全球化和数字媒体快速发展的背景下，新闻从业者在这样的环境下工作，面临的伦理挑战和社会责任要比以往任何时候都要复杂。有效地结合理论与实践，不仅是他们职业生涯的必需，更是确保新闻行业可持续发展的关键。新闻伦理的理论基础为新闻从业者提供了道德行为的指导原则，如真实性、公正性、独立性和责任性。这些原则是新闻职业的基石，要求记者在报道新闻时始终坚持事实的真实，避免受偏见和主观色彩的影响，同时要对公众负责。例如，在报道政治事件时，记者需要进行全面的调查，确保从多个角度和多个来源获取信息，以防止任何潜在的偏见或误导信息的传播。

然而，仅仅理解这些原则并不足以应对实际工作中的各种复杂情况，记者在实际报道中常常需要作出快速决策，例如，在涉及国家安全或个人隐私的报道中找到平衡点，在这种情况下理论知识需要与实践经验相结合，形成有效的决策过程。通过对历史案例的研究和模拟训练，记者可以学习如何在复杂情况下应用伦理原则，确保他们的报道既符合职业标准，又能适应实际情况的需求。此外，社会责任是现代新闻业的另一

大重要主题，新闻机构不仅要传递信息，还有责任通过报道来捍卫公众利益和社会正义。这要求记者不仅要报道事实，还要深入分析社会问题的根源，提出可能的解决方案。例如，在报道环境污染问题时，记者应深入了解问题的科学背景和社会影响，同时向公众展示如何通过政策变革或技术创新来改善或解决问题。

这种责任感的培养常常通过与社区的互动、参与公共事务的讨论和反映少数群体的声音来实现，记者通过这些活动，不仅能增强自己的职业技能，还能加深对社会责任的理解和承担。例如，在做生活困难群体的报道时，记者不仅是在做新闻采集，更是在通过他们的报道帮助社会关注和解决这些群体面临的问题。新闻教育和职业培训在这一过程中也发挥着至关重要的作用。通过在教育阶段引入新闻伦理和社会责任的相关课程，未来的新闻从业者可以从职业生涯的开始就建立正确的职业观念，同时，持续的职业培训和研讨会为在职记者提供了不断更新知识和技能的机会，确保他们能够适应快速变化的媒体环境和社会需求。理论与实践的有效结合为新闻从业者提供了处理复杂道德问题和履行社会责任的能力。通过不断学习和实践，记者可以更有效地服务于社会，增强公众对媒体的信任，促进新闻业的健康和可持续发展。这种持续的努力不仅塑造了个人职业道德和能力，也推动了整个新闻行业向更高标准和更大责任的方向发展。

七、数据新闻在实践中的理论指导：以"空气质量调查"项目为例

某大型媒体集团在开展一项关于城市空气质量的调查报道时，充分结合了新闻理论与实践，产生了显著的社会影响。该项目始于编辑部对城市环境问题的关注，在策划阶段，团队引入了环境传播理论和数据新闻理论的相关研究成果，为新闻报道的设计和实施提供了理论指导。

在数据收集阶段，团队运用了大数据采集和分析技术，从多个政府

部门和第三方机构处获取了长达五年的空气质量监测数据。之后团队参考了环境学者的研究方法，设计了一套科学的数据清洗和分析流程，这种理论指导下的数据处理方法，确保了报道数据的准确性和可信度。在数据可视化环节，团队采用了信息设计理论中的色彩心理学原理，设计了一套直观易懂的图表系统，有效地将复杂的数据转化为公众易于理解的视觉信息。

在报道撰写阶段，团队运用了叙事新闻学理论，将枯燥的数据分析结果与具体的人物故事相结合，记者深入采访了受空气污染影响的市民，以及致力于改善空气质量的环保工作者。通过生动的叙事将数据背后的人性化故事呈现给受众，这种结合定量分析和定性分析的方法，既保证了报道的科学性，又增强了新闻的感染力和可看性。

在传播策略方面，团队借鉴了跨媒体叙事理论，设计了一套全媒体传播方案，除了传统的报纸报道，还有互动式网页、短视频、数据可视化小程序等多种形式的内容，这种多平台、多形式的传播策略，大大提高了报道的传播效果和影响力。团队还在社交媒体平台上发起了"蓝天行动"话题讨论，鼓励公众参与到环保行动中来，形成了良好的社会互动。

该项目的成功实施，不仅引起了社会对空气质量问题的广泛关注，还推动了相关部门制定更严格的空气质量管理政策。从新闻生产的角度来看，这个案例充分展示了理论与实践结合的优势。数据新闻理论为项目提供了科学的方法论指导，环境传播理论帮助团队更准确地把握报道的重点和角度，叙事新闻学理论则提升了报道的可读性和感染力。实践过程中遇到的挑战和创新，也为相关理论的发展提供了新的思路和素材，这种理论与实践的良性互动，不仅提高了新闻报道的质量和影响力，也推动了新闻学理论在数字时代的创新和发展。通过这个案例，可以清晰地看到理论指导实践、实践反哺理论的协同效应，为未来的新闻实践提供了有益的借鉴。

第二节　理论与实践结合对新闻质量和职业发展的影响

一、提升报道质量与受众满意度

在当今的媒体环境中，理论与实践的结合是提升新闻报道质量和受众满意度的关键，通过将理论框架应用于实际报道工作中，新闻从业者能够更全面、更深入地报道事件，从而显著提高受众的满意度和对媒体的信任。理论为新闻报道提供了坚实的指导，帮助记者和编辑在报道复杂事件时能够更好地理解和应用伦理规范、受众分析以及传播效果等方面的知识。例如，通过运用交往行为理论，记者可以更有效地设计问题，进行访谈，以确保信息的准确传达；通过运用受众理论，编辑能够更好地判断哪些内容能够引起特定群体的兴趣，从而调整报道的重点和呈现方式，确保内容的吸引力。实践经验则为新闻从业者提供了应用理论的机会，使他们能够在实际工作中不断试验和改进。这种经验积累不仅提升了他们处理新闻的技能，也使他们能够更灵活地应对突发事件，有效地结合理论与现场情况，捕捉和报道新闻的深层次元素。例如，经验丰富的记者能够快速识别新闻现场的关键信息和潜在的故事线，利用他们的专业技能和理论知识以独到的视角和方法呈现新闻故事，增强报道的吸引力和影响力。

此外，技术的融合也是提升新闻质量的重要方面。现代新闻报道越来越依赖于技术，如数据分析、视频制作等，理论可以指导新闻从业者有效地利用这些技术工具，创作出新颖、有吸引力的内容。例如，数据新闻通过结合数据分析理论和统计方法，能够帮助记者揭示大数据背后的故事，生动呈现复杂信息，提高新闻的说服力和权威性。在实际操作中，理论和实践的结合可以显著提高报道的准确性和深度。理论知识帮助记者和编辑构建全面的报道框架，而实践经验则提供了丰富的现场信息和直观感受，两者相结合，能够使报道更加立体、生动，更能触及受众的情感，引发共鸣。这种报道不仅满足了受众对高质量新闻的需求，也极大地增强了受众对媒体品牌的信任和忠诚。将理论与实践紧密结合是提升新闻质量和受众满意度的有效策略，这不仅要求新闻从业者不断学习和应用新的理论知识，还要求他们在实际报道中不断实践和创新。通过这种方式，新闻报道能够更加深入和全面，更能满足现代受众的需求和期待，从而在竞争激烈的媒体市场中占据有利位置。

二、促进新闻从业者技能和职业成长

在新闻行业中，理论与实践的结合不仅是新闻从业者职业成长的必要途径，也是提升整个行业标准和质量的基础。通过深入学习和应用多种新闻相关理论，新闻从业者可以在实际工作中以更加专业的视角和方法来处理信息，制作和呈现新闻内容，从而有效提升报道的质量和深度，增强公众对媒体的信任和依赖。理论学习为新闻从业者提供了分析和解决问题的框架，例如，通过学习传播理论和新闻伦理，新闻从业者不仅能够认识到新闻报道中应遵循的基本伦理和标准，还能在处理新闻事件时识别潜在的伦理陷阱和风险。此外，理论学习有助于新闻从业者理解媒体在社会中的角色和责任，例如，如何通过报道促进公众对重要社会问题的理解和讨论，以及如何在报道中平衡不同的观点。在实践中，理论的应用使得新闻从业者能够在采集、处理和呈现新闻时更有效率，例如，运用受众理论，从业者可以更好地定位其新闻产品，了解不同受众群体的需求和偏好，从而制作出更符合受众期待的内容。在多媒体时代，这种了解尤为重要，因为受众选择丰富，只有精准对接受众需求的内容才能突破信息过载的障碍，吸引和保持受众的注意力。

此外，实践经验也是理论知识转化为可操作技能的重要场域。在日常新闻工作中，新闻从业者需要将理论知识转化为采访技巧、文章结构设计、数据分析等具体技能。例如，在数据新闻制作过程中，新闻从业者不仅需要掌握数据收集和处理的技术，还需要理解如何通过数据讲述一个故事，如何利用视觉化工具增强报道的表现力和说服力，这些技能的培养是在长期的实践中逐步完善的。同时，实践中遇到的各种挑战和问题也促使新闻从业者不断回顾和反思所学的理论知识，不断调整和优化自己的工作策略和方法。例如，面对报道错误或失败时，新闻从业者需要检讨在新闻采集和编辑过程中的决策，反思如何更好地应用理论知识避免类似错误，如何调整工作流程提高新闻质量。理论学习与实践经验的结合是新闻从业者职业发展的双轮驱动。通过不断学习理论并在实践中应用，新闻从业者不仅能提升个人的专业技能和职业素养，还能推动新闻行业的整体进步和发展。这种持续的学习和应用的过程，确保了新闻从业者能够适应不断变化的媒体环境，有效响应公众对高质量新闻的需求。

三、加强新闻机构的市场竞争力

在当今媒体市场的激烈竞争中，新闻机构不断面临着挑战，如何提升报道质量和创新性成为其赢得市场的关键。通过优化报道内容和提高服务的创新性，新闻机构能够增强自身的市场竞争力，吸引更多的受众和广告商，从而提升整体的市场表现和盈利能力。提升报道质量是增强新闻机构市场竞争力的基础，高质量的报道能够更有效地满足受众的信息需求，增强受众的满意度和忠诚度，这不仅涉及信息的准确性和及时性，还包括报道的深度和广度。通过应用深入的调查研究、精确的数据分析和严谨的事实核查，新闻机构能够生产出既可靠又深入的新闻内容。这样的内容能够为受众提供更全面的视角和更深层的理解，从而在信息泛滥的时代中脱颖而出。创新性是新闻机构吸引受众和广告商的另一个关键因素。随着技术的进步和媒体形式的多样化，新闻机构必须不断创新以适应受众的变化需求和消费习惯，这包括采用新的报道技术、开发互动内容以及使用不同的叙事手法。例如，利用虚拟现实技术来提供沉浸式的新闻体验，或通过数据可视化来呈现复杂的信息，都是提高报道吸引力的有效方式。这些创新不仅能够增强受众的体验，也能为广告商提供更具吸引力的广告环境，从而吸引更多的广告投放，增加收益。

此外，提升报道质量和创新性也有助于新闻机构建立品牌优势。在市场上树立一个可靠、专业且创新的品牌形象，可以有效增强消费者和广告商对新闻机构的信任和偏好，这种品牌优势不仅有助于保持现有受众，还能吸引新的受众和合作伙伴，提高市场份额。通过提升报道质量和创新性，新闻机构能够更好地应对市场的不确定性和挑战。在新闻行业，市场的快速变化要求新闻机构必须具备快速适应和响应的能力。通过积极探索和应用新的技术、方法和内容，新闻机构不仅能保持其报道的相关性和吸引力，还能在市场上保持领先地位；通过提升报道质量和创新性，新闻机构能够显著增强自身的市场竞争力，吸引更多的受众和广告商，从而在竞争激烈的市场中脱颖而出。这种策略的实施需要新闻机构将理论与实践有效结合，不断调整和优化其运营策略和产品方向，以适应不断变化的市场环境和受众需求。

四、提高编辑和记者的创作主动性

在当今多元化和快速变化的新闻环境中，提高编辑和记者的创作主动性是实现新闻业发展的关键。理论与实践的有效结合不仅赋予新闻从业者更广阔的视野，也增强了他们的创新能力，使他们能够创作出更具深度和符合现代需求的新闻内容。这种结合提供了多维度的优势，包括对新闻职责的全面理解、操作上的灵活性，以及创新尝试的勇气和能力。对新闻核心职责的深入理解是理论教育的重要成果，新闻从业者通过学习包括但不限于媒体伦理、新闻法、传播理论在内的相关知识，能够更加明确自己的职责不仅是信息的传递者，还是公共监督的执行者和文化传播的参与者。例如，了解新闻的社会功能后，记者在报道重大社会事件时，会更加注重信息的公正性和深入性，力求通过报道促进社会正义和公共利益。

实践技能的提升使记者和编辑能够灵活运用多种媒介工具，有效应对数字时代的挑战。随着新技术的发展，新闻从业者必须掌握如视频制作、数据分析和数字平台管理等技能，这不仅使他们能够制作出符合现代受众观看习惯的内容，还能通过数据新闻等手段提高报道的准确性和深度。例如，掌握数据可视化技能的记者能够将复杂的数据信息转化为易于公众理解的图表和图像，使报道的信息量丰富且形式吸引人。创新的尝试是新闻从业者利用理论与实践相结合的明显标志。随着科技的不断进步，新闻报道的方式也在不断演变，传统的文字和图像报道已经逐渐与视频、互动媒体甚至虚拟现实技术等新形式融合。这些新形式为记者提供了前所未有的创作空间，使他们能够以全新的方式捕捉和呈现新闻事件，极大地提升了报道的沉浸感和感染力。

此外，社会的多元化也要求新闻从业者在创作内容时体现出更高的包容性和敏感性。通过对多元文化、性别平等、少数群休权益等社会重要议题的理论学习，记者和编辑能够在报道中更好地平衡不同群体的声音，避免出现偏见和歧视的报道内容，促进社会的整体和谐。理论与实践的结合还体现在新闻从业者对自身角色的重新定位上。在现代社会，新闻从业者不仅是信息的提供者，更是公共对话的促进者和公民教育的参与者。他们通过不断更新的专业知识和技能，能够更有效地引导公众理解复杂的社会政治问题，激发公众参与社会公共事务的兴趣和热情。通过不断学习和实践，新闻从业者能够在保持职业道德的同时，不断提高报道的质量和深度，更好地适应快速变化的媒体环境，满足现代社会对新闻职业的高标准要求。这种不断进步的过程不仅促进了个人职业生涯的发展，也推动了整个新闻行业的创新和进步。

五、增强跨领域合作和创新能力

理论与实践的结合不仅为新闻从业者在本职工作中提供了支持，更重要的是，为他们在跨领域合作中打开了新的可能性。在当前媒体行业快速发展的背景下，新闻从业者通过理论指导和实践操作，能够与技术、艺术以及科学等多个领域的专家进行有效合作，从而推动新闻内容的创新和多样化发展。理论与实践的结合使新闻从业者能够更深入地理解新技术如何应用于新闻的采集、制作和分发过程。例如，数据新闻的兴起要求记者不仅要掌握传统的采访和写作技能，还需要具备数据分析的能力，这种技能的获得往往需要通过系统的理论学习和实践操作的结合来实现。记者在理解数据分析基础理论的同时通过实际操作大数据工具，能够更准确地挖掘新闻背后的故事，提供深度报道。新闻从业者与艺术工作者的合作开启了新闻报道的新视角和表现形式。理论教育使新闻从业者了解艺术在传达复杂信息和触动人心方面的独特优势，通过与画家、摄影师、电影制作人等艺术工作者的合作，新闻从业者能够通过图像、视频和互动艺术作品，以更具吸引力的方式呈现新闻内容，提高新闻的感染力和观赏性。例如，通过纪录片形式深入探讨社会问题，不仅能够让受众获得信息，还能激发受众对问题的思考和共鸣。

此外，与科学界的合作使新闻报道在专业性和权威性上得到了显著提升。科学新闻报道需要准确地解释科学发现和技术创新，这要求记者具备一定的科学知识和理解能力。通过与科学家的密切合作，记者可以获取第一手的科学研究信息和解读，确保报道内容的准确性和深度，同时科学的方法论也能帮助记者在报道中运用逻辑推理和证据支持，增强报道的说服力。跨领域合作的成功极大地依赖于新闻从业者的理论与实践相结合的能力，这不仅要求记者和编辑具备开放的心态和学习新知的渴望，还需要他们在实际工作中不断尝试和创新，通过实际项目来应用跨领域合作的成果。新闻从业者可以不断测试和优化合作模式，提高合作效率和成果的质量。理论与实践的有效结合为新闻从业者在艺术和科学等领域的跨领域合作提供了强有力的支持，这种合作不仅丰富了新闻的表现形式和内容深度，还提升了新闻产品的整体质量和新闻机构的竞争力。随着媒体行业的不断进化，预计未来这种跨领域合作将更加频繁和密切，新闻从业者需要不断地学习新理论和新技术，在实践中精进技能，以应对不断变化的媒体环境和不断增长的行业需求。

第三节　数字化影响下的理论与实践

一、理论在数字新闻创新中的应用

在数字化快速发展的当下，新闻行业正处于一个巨大转型的时期。这种转型不仅是技术的变革，更是观念和方法论的重大更新，理论在这一进程中起到了桥梁的作用，它将传统新闻的核心价值与现代技术的前沿动态结合起来，指导新闻从业者在新的数字环境中有效地应对挑战与抓住机遇。理论的引导作用在新闻内容创作中尤为重要。在数字化时代，内容创作不仅要满足速度的需求，更要在质量和深度上符合高标准。新闻从业者需要依托理论来构建内容创作的架构，例如，叙事理论和框架理论帮助他们构思如何更好地组织故事，让信息既准确又引人入胜。此外，跨文化理论教导新闻从业者如何在全球化的背景下，处理和呈现多元文化中的新闻事件，确保内容的广泛接受性。在内容分发策略上，理论的作用同样重要。现代新闻机构面临的一个主要挑战是如何在各种数字平台上有效分发内容，以及如何通过这些平台与受众互动。使用与满足理论提供了洞察力，帮助新闻从业者了解受众在不同平台上的具体需求和使用动机，从而制定出更加精准的内容推送策略。网络传播理论揭示了信息在网络中的传播机制，指导新闻机构如何利用社交网络的结构特性，增加新闻内容的曝光率和影响力。

创新实践是理论与数字新闻结合的另一大展现。随着人工智能、机器学习和大数据等技术的应用，新闻行业正迎来前所未有的自动化和智能化浪潮。理论不仅帮助新闻从业者理解这些技术的工作原理和潜在影响还提供了伦理指导，确保技术应用不偏离新闻职业的道德标准。例如，算法透明度和责任编辑制度的讨论，促使新闻机构在使用自动化工具时，始终保持编辑监督和内容质量监督。此外，数字新闻创新还需要新闻从业者具备前瞻性和适应性，而理论教育在这方面提供了重要支撑。通过学习和研究最新的传播理论和媒介理论，新闻从业者可以预见行业发展的新趋势，更好地适应数字技术带来的变革，这不仅增强了他们解决问题的能力，也使他们能够在新闻创作和分发过程中更加自信和更有创新性。理论在数字新闻创新中的应用是多层面的，它不仅提供了内容创作和分发的指导，还促进了技术的合理使用，帮助新闻从业者更好地适应数字化带来的挑战，引领新闻行业的未来发展。通过持续的理论学习和实践应用，新闻机构能够不断优化其策略，提升内容质量和受众满意度，最终在竞争激烈的数字化市场中脱颖而出。

二、实践中的数据驱动新闻报道

数据驱动的新闻报道，在现代新闻行业中正在引发一场革命。通过利用大规模数据集，新闻机构能够更深入地挖掘信息，揭示隐藏的模式和趋势，从而提供更丰富、更精准的报道内容。这种基于数据的报道方式不仅改变了新闻的采集和编辑流程，也重新定义了受众与新闻内容的互动方式。此外，数据驱动的新闻报道极大地提升了新闻的时效性和精确性。在过去，新闻从业者依靠传统的调查方法和直觉来追踪新闻线索，不仅耗时长而且容易受到个人偏见的影响。现在，借助高级数据分析工具，记者可以迅速分析大量信息，识别出重要的新闻事件，并快速作出反应。例如，通过实时分析社交媒体上的流量和讨论趋势，记者可以即刻发现并报道正在兴起的新闻话题。此外，数据驱动的方法还增强了新闻报道的客观性和深度。在处理复杂或具有争议性的新闻话题时，数据提供了一种无可辩驳的证据基础，记者可以用硬数据来支撑报道中的论断，增强报道的可信度。同时，数据分析还能揭示问题的多个方面和深层次原因，帮助公众更全面地理解新闻事件。数据驱动的新闻不仅限于文字报道，随着数据可视化技术的进步，新闻机构现在能够创造视觉上引人入胜的图表、地图和动画，这些都是传统新闻报道所无法比拟的。这种视觉化的数据报道使得复杂的数据和统计信息变得易于理解和接受，极大地增强了新闻的吸引力和教育意义。例如，一个关于气候变化影响的报道，通过动态地图展示过去几十年全球温度的变化可以直观地展示气候变化的严重性，使得这一抽象的问题具体化，更易于激发公众的关注和反思。

数据驱动的新闻报道还促进了新闻机构内部的跨部门合作。数据项目往往需要数据科学家、统计学家与记者协同工作，共同挖掘数据背后的故事。这种跨专业的合作拓展了新闻报道的边界，增强了团队的创新能力和解决问题的能力。随着人工智能技术的应用，数据驱动的新闻报道正向自动化和个性化发展。人工智能算法可以帮助记者从庞大的数据集中自动发现新闻线索，甚至自动生成初步的新闻稿件，同时基于用户历史数据的个性化新闻推荐，可以使得每个读者都获得最符合其兴趣和需求的新闻内容，这不仅提升了用户体验也增加了用户的黏性和忠诚度。实践中的数据驱动的新闻报道通过高效利用技术和数据，不仅提高了新闻的质量和影响力，也为新闻行业带来了创新的工作方法和思考方式，这种基于数据的报道方法正在成为推动新闻行业前行的重要力量，帮助新闻从业者在信息爆炸的时代中找到新的方向和策略。

三、理论与实践在社交媒体策略中的结合

数字时代，社交媒体已变成新闻传播的核心渠道之一。理论与实践的结合，为新闻机构在社交媒体上的策略提供了强有力的支持，使得这些机构能够更有效地与广大受众互动，增强内容的吸引力并提升受众的参与度。通过深入的理论学习与实际操作经验的积累，新闻从业者能够更精确地制定和调整他们的社交媒体策略，以适应不断变化的媒体环境和受众需求。通过对受众理论的学习，新闻从业者可以获得关于受众行为模式、偏好以及互动方式的深入理解。这种理解能够帮助他们识别不同受众群体，预测这些群体对不同类型内容的反应，并据此设计更有针对性和吸引力的社交媒体帖子，例如，新闻机构可以根据受众理论设计专题讨论或互动活动，刺激受众参与，增强受众的活跃度和忠诚度。实践经验使新闻从业者能够灵活运用社交媒体工具，从而进行有效的内容管理和优化。随着新社交媒体平台和工具的不断出现，新闻从业者需要不断学习如何使用这些工具，以此来提高内容的曝光率和互动效果。例如，使用数据分析工具监测各种帖子的表现，识别哪些类型的内容最能引发受众互动，什么时间发布最为有效等。通过实际测试和调整，新闻从业者可以不断优化他们的发布策略，确保内容能够触达最广泛的受众。

此外，理论与实践在社交媒体策略中的结合还鼓励了新闻从业者的创新和实验。了解了受众理论和媒介理论后，新闻从业者可以尝试各种创新的内容和互动方式，如故事化的内容、增强现实体验或者定制化的内容推荐等。这些创新的尝试不仅可以提升受众的体验，还可以帮助新闻机构在激烈的市场竞争中脱颖而出。理论与实践在社交媒体策略中的结合也有助于建立和维护新闻机构与受众之间的长期关系。通过持续的互动和高质量的内容提供，新闻机构能够在受众中建立起良好的信誉和品牌形象。这种信誉和品牌形象的建立是基于对受众行为的深入了解和对社交媒体策略的不断实践与调整。通过理论与实践的有效结合，新闻机构能够在社交媒体策略上更加精准地定位受众，更有效地激发互动，更勇于进行内容和形式上的创新。这不仅增强了新闻内容的吸引力和受众参与度，还促进了新闻机构在快速发展的数字化时代中的持续成长和竞争力。通过这些策略的实施和优化，新闻机构可以确保其在变幻莫测的媒体环境中保持领先地位，有效地服务于公众，履行其媒体责任和社会职能。

四、适应数字工具和平台的变化

在数字化时代，新闻行业的工具和平台不断演化，带来了前所未有的变革。为了保持报道的效果和效率，新闻从业者必须不断适应这些变化，将理论与新的技术实践相结合，这一过程对新闻行业的持续发展至关重要，数字工具和平台的变化为新闻报道提供了新的可能性和挑战。例如，社交媒体、移动应用和虚拟现实技术等已深度融合在信息传播的渠道中。新闻从业者必须了解这些平台的特性和运作机制，如社交媒体的传播速度快、互动性强的特点以及虚拟现实技术提供的沉浸式体验等。通过理论学习，新闻从业者可以掌握这些技术背后的传播原理，如网络传播理论和多媒体交互理论，这些理论知识帮助他们更有效地使用这些工具进行新闻报道，适应这些变化要求新闻从业者不断更新其技能和操作方法。随着新工具的引入，从简单的文本编辑到复杂的多媒体制作，新闻从业者需要掌握更多的技术技能。例如，数据新闻要求新闻从业者能够处理和分析大量数据，制作信息图表和可视化内容。这不仅需要理解数据的重要性，还需要有能力使用相关的数字工具，实践中的学习和应用使得新闻从业者能够熟练掌握这些技能，提高报道的质量。

此外，适应数字工具和平台的变化还意味着新闻从业者需要培养不断学习和创新的能力。在快速发展的数字化环境中，仅仅依赖传统的报道技巧已不足以应对新的挑战。新闻从业者需要保持对新技术的敏感度，主动探索和学习新的报道工具和方法。通过参加相关的培训、研讨会或在线课程，新闻从业者可以不断地更新自己的知识库和专业技能，保持自己在行业中的竞争力。理论与实践的结合在帮助新闻从业者适应数字化工具和平台的变化中发挥了桥梁作用。理论不仅提供了对新技术影响的深入理解，也为如何有效利用这些技术提供了策略和指导，同时，实际操作让新闻从业者将理论知识转化为实际技能，通过不断实践，他们能够更好地掌握如何在变化的数字环境中进行有效的新闻报道。随着新工具和平台的持续出现，新闻从业者需要通过不断学习和实践，将理论与新技术结合起来以应对和把握这些变化，保持报道的效果和效率，这不仅是新闻行业技术适应性的体现，也是其创新能力的重要表现。

五、应对数字环境下的伦理挑战

在数字时代，新闻从业者面对的伦理挑战日益增加，尤其在隐私保护、信息真实性方面。这些挑战要求新闻从业者不仅要精通技术的使用和内容的创造，更需要遵循严格的伦理标准，确保新闻的公正性。隐私保护是数字新闻中一个核心的伦理问题。随着技术的发展，新闻从业者可以轻易地访问到大量个人数据，然而，正确处理这些数据是一大挑战。根据隐私保护的理论，新闻从业者必须保证在收集、使用和存储个人信息时高度谨慎，以防侵犯个人隐私。在实际操作中，这意味着在公开个人信息之前必须进行严格的必要性和比例性评估，确保所公开的信息是为了公共利益，且不超出报道需求。此外，加密技术和数据匿名化方法应被广泛应用以保护个人信息不被非法使用或泄露。

信息真实性的挑战同样严峻。在信息泛滥的今天，确保报道的真实性和准确性比以往任何时候都重要。从理论上讲，新闻从业者应坚持事实的核实和源头的透明度，这要求记者进行彻底的背景调查，核实每一条信息的准确性，确保所有报道都基于坚实的证据。在实践中，新闻机构应建立起严格的核查流程，对所有报道进行多轮审查，并建立快速反应机制，以应对可能的错误或误报。此外，新闻从业者应主动与受众建立对话。当错误发生时，应迅速且公开地纠正，以维护新闻机构的信誉和公信力。在实践中，面对舆论的压力和挑战，新闻机构需要坚守真实性原则，保证新闻报道的客观公正，抵制经济利益的诱惑，拒绝影响真实性的一切因素。数字环境下的伦理挑战，要求新闻从业者在理论知识和实践技能之间找到平衡。通过教育和培训，新闻从业者可以深化对伦理问题的理解，提高处理这些问题的能力。同时，新闻机构需要不断更新其伦理准则，以适应快速变化的技术和社会环境。只有这样新闻业才能在尊重个人隐私、确保信息真实性和维护信息自由的基础上，建立并保持公众的信任和尊重。

第五章　实现新闻理论与实践结合的途径

第一节　具体方法和途径

一、交叉培训：理论学者与实践工作者的互动

在新闻领域中，交叉培训是一个革命性的步骤，旨在通过将理论学者与实践工作者联合起来，这种培训形式不仅打破了传统界限，也极大地提升了新闻的质量和创新性，为双方提供了一个独特的平台，通过共享知识和技能，促进了理论与实践的无缝结合。交叉培训强调理论学者和实践工作者之间的相互学习，理论学者通常专注于概念的构建和理论的推广，而实践工作者则擅长于具体的新闻报道中应用这些理论。通过交叉培训，理论学者可以直接看到他们的理论在实际中的应用效果，这不仅可以为他们提供新的研究视角，还可以帮助他们调整和完善现有理论，使之更加贴合实际操作的需求。例如，受众理论原本是为了帮助理解消费者行为模式而逐步形成的，但在与实践工作者的互动中，理论学者可能会发现新的变量和模式，这些发现可以反过来丰富理论的深度和广度。实践工作者从交叉培训中获得的益处同样显著。通过理论的指导，他们能够更系统地理解新闻事件背后的复杂性，提高报道的深度和准确性，例如，在处理危机报道时，深入理解传播理论可以帮助记者更有效地管理和传递信息，减少恐慌和误解。此外，理论框架可以帮助记者和编辑寻找新颖的报道角度，从而报道出独特而引人入胜的内容。

交叉培训中的一个重要环节是工作坊和实战演练，这些活动具有高度互动性，为参与者提供了一个面向问题解决的平台，可以让他们在可控环境下将理论应用于实践。通过这种方式，实践工作者可以直接实践新的技术或理念，而理论学者也可以即时观察其理论的实际效果，双方可以即时交流反馈，共同探讨改进方案。此外，交叉培训还促进了多学

科的合作。在这种培训模式下，来自不同学科背景的专家聚集一堂，分享各自领域的最佳实践和理论洞见，这种多学科的交流不仅拓宽了新闻从业者的视野，也激发了其创新新闻报道的方法，如利用数据科学、心理学和社会学的方法来深化报道内容，提供更全面的分析。交叉培训强调了一个持续学习和发展的职业生态，其中个体和团队都致力于不断地自我完善和创新。这种培训方式不仅提高了个人的能力，也增强了整个新闻机构的竞争力，使其在快速变化的新闻行业中保持领先地位。通过不断的交流和更新，新闻机构能够适应不断变化的市场需求，同时也为新闻业的整体发展作出了贡献。

二、案例研究：从实际经验中学习

案例研究在新闻行业的教育和实践中发挥着极其重要的作用，尤其是在连接理论与实际操作的过程中。通过深入分析具体的报道实例，新闻从业者不仅可以见证理论在实际情况中的应用效果，还能从中提炼出成功或失败的关键因素，进而提高自身的职业技能和决策能力。在新闻教育中，案例研究可以帮助学生和新进从业者理解新闻理论在实际报道中的直接应用。教育者常常选取一系列具有代表性的新闻事件，展示从新闻采集、报道到发布各阶段的详细过程，以及在这些过程中理论是如何指导实践的。例如，通过分析一次重大新闻事件的报道策略，从业者可以学习到如何根据不同的情境选择合适的报道角度，如何利用受众分析来预测和满足受众的需求，以及如何处理报道中出现的伦理难题。

此外，案例研究促使从业者反思新闻报道中的决策过程。在回顾一个已经完成的报道项目时，团队成员可以集体讨论在采集、编辑和发布各个阶段所作的决策，评估这些决策的有效性并探讨如果处于相同情境，未来是否应该采取不同的策略。这种反思不仅增强了个人的批判性思维能力，也加强了团队内部的沟通和协作。案例研究还强化了新闻从业者对新闻职业道德和责任的认识。通过分析报道中的道德困境，例如，在报道涉及隐私的新闻时，如何平衡公众的知情权和个人的隐私权，新闻从业者可以更深刻地理解新闻伦理的重要性，并在未来的工作中更加谨慎地处理类似问题。通过案例研究，新闻从业者还能学习如何运用新技术和工具来改善报道质量。随着数字技术的快速发展，新的报道工具和平台不断涌现，案例研究可以展示如何有效地利用这些新工具来进行数据采集、内容创作和受众互动，从而使新闻内容更加丰富和吸引人。案例研究不仅仅局限于分析成功的新闻报道，对于失败的报道案例的分析同样重要，因为它们提供了宝贵的学习机会。通过详细分析失败的原因，无论是策略失误、技术问题还是执行上的瑕疵，新闻从业者都可以学到如何在未来避免相同的错误，从而不断提升工作的专业水平。通过这些多方面的学习和讨论，案例研究成为理论与实践结合的强大工具，不仅提高了新闻从业者的专业能力，也推动了整个新闻行业向更高标准的发展。

三、实习和现场工作：直接参与新闻制作

实习和现场工作的经验对于新闻学习者来说是极其宝贵的。新闻从业者不仅能亲自体验新闻制作的各个阶段，还能够实际应用在课堂上学到的理论，从而深入理解新闻行业的内在工作机制和实际要求。通过参与实习和现场工作，新闻学习者能够接触到新闻采集的初步阶段，在这个阶段，他们学习如何识别值得报道的新闻事件，如何迅速并有效地收集必要的信息和数据。新闻学习者常常需要在紧张的环境下工作，学习如何快速作出决策，选择最有效的采访对象并确定信息来源的可靠性。这种经验教会他们如何在压力下保持冷静，这是成功的新闻从业者所必须掌握的技能。

在新闻的编辑和制作阶段，新闻学习者有机会直接参与到文章的撰写和编辑过程中，他们学习如何将采集到的原始材料转化为符合新闻标准的报道，如何进行有效的事实核查，以及如何确保报道内容的平衡和公正。通过与资深编辑的合作，他们可以获得关于写作风格、语言，以及如何提高文章吸引力的直接指导，这一过程不仅增强了他们的写作技能，也提升了他们对新闻职业伦理的理解和应用。发布和反馈阶段为新闻学习者提供了从受众角度评价新闻产品的机会。他们可以观察并分析受众如何接收和响应新闻报道，如何通过社交媒体和其他平台表达观点和感受。这一经验对于理解受众行为、优化内容以及调整未来报道策略具有重要意义，新闻学习者通过跟踪评论和反馈，学习如何处理公众对报道的各种反应，包括批评和赞赏，这对于培养他们的公关技能和危机应对能力至关重要。实习和现场工作经验还让新闻学习者与行业内的专业人士建立联系，这对他们未来的职业发展极为有利，这些联系不仅可以作为职业发展的桥梁，也是获取行业动态、职业机会，以及持续教育资源的渠道。通过这些实践，新闻学习者能够更好地了解新闻行业的广阔天地，为自己在未来的职业道路上探索更多可能性。实习和现场工作不仅是新闻教育的补充，更是职业技能和专业素养发展的关键，通过这些经历，新闻学习者不仅能将理论知识付诸实践，还能在现实工作中不断学习和成长，为成为新闻行业中的专业人才奠定坚实的基础。

四、研讨会和工作坊：技能与知识的交流

研讨会和工作坊在新闻行业中的作用不仅限于提供学习和交流的平台，还起到了推动行业发展和增强新闻从业者能力的重要作用。通过组织这些活动，新闻从业者能够及时了解行业内的最新发展趋势，包括技术进步、法律法规的更新，以及全球新闻事件的动态。例如，随着数字化和互联网的发展，社交媒体在新闻传播中的作用日益重要，一个专门讨论如何在社交媒体平台上进行有效新闻报道的工作坊，能够帮助新闻从业者掌握利用这些新平台的策略和技巧。

　　在这些研讨会和工作坊中，经验丰富的新闻从业者和行业专家常常分享他们的实战经验，包括如何处理突发新闻、如何进行深入调查，以及如何处理新闻报道中可能遇到的道德和法律问题。这些经验的分享不仅能为新闻学习者提供学习的机会，还能让一定经验的新闻从业者反思和优化自己的工作方法。例如，一个资深记者在工作坊中详细讲解他在报道重大政治事件时如何快速获取可靠信息，如何核实事实，如何平衡报道的公正性。此外，这些活动也为新闻从业者提供了实际操作的机会。在一些工作坊中，参与者可能会分组进行模拟报道，通过实际操作来学习如何在采访中提出问题，如何编辑视频材料，如何撰写引人入胜的新闻故事。通过这样的实践，参与者可以直接应用在研讨会中学到的理论知识，同时，也能从实践中发现问题并寻求解决策略。技术的快速发展同样要求新闻从业者不断学习新的技术工具，如数据分析软件、高级编辑软件以及新型的数字传播工具。在研讨会和工作坊中，技术供应商或专业的技术教师常常会提供培训，使参与者能够掌握这些先进工具的使用方法，从而提高他们的工作效率和新闻报道的质量。例如，数据新闻工作坊会教授参与者如何使用特定软件来分析大量数据，挖掘新闻故事背后的趋势和模式，以及如何将复杂的数据信息以图表或图像的形式清晰地呈现给公众。

　　在交流和网络建设方面，研讨会和工作坊提供了一个非常好的环境。新闻从业者可以在这里遇到来自不同地区、不同类型媒体机构的同行，这种跨地域、跨机构的交流有助于打破信息孤岛，增进行业内的理解和合作。例如，通过参与国际新闻研讨会，国内新闻从业者可能会与国外的专家建立联系，这些联系不仅可以促进新闻资源的共享，还可能孵化出跨国报道项目。此外，这种互动还有助于新闻从业者在职业生涯中更好地定位自己，通过与其他新闻从业者的交流，他们可以了解自己在行业中的位置，认清自己的强项和弱项，这对职业成长和技能提升是非常有益的，同样，这也为寻求职业发展的新闻从业者提供了机会，他们可以通过这些活动了解其他机构可能提供的职业机会，甚至直接与潜在的雇主建立联系。研讨会和工作坊在新闻行业中发挥着多方面的作用。通过参与这些活动，新闻从业者不仅能提升自己的专业技能和知识水平，还能建立和扩大职业网络，这些都是他们在新闻行业中保持竞争力和实现职业成长的关键因素。随着新闻行业的不断变化和技术的不断进步，定期参与这些活动成为新闻从业者工作中不可或缺的一部分。

五、采用技术工具：理论与实践的结合

数字化时代，技术工具已成为新闻行业不可或缺的一部分，极大地改变了新闻的采集、处理、发布和分析方式。随着技术的不断进步，新闻从业者已经能够通过一系列高效的工具来强化新闻报道的深度和广度，同时也为理论与实践的结合提供了更多可能。数据分析软件为新闻行业带来了革命性的变化，记者和编辑可以利用强大的数据分析工具，如 Python 和 R 语言等工具，来处理和分析大量数据，这不仅提高了数据处理的效率，也使得新闻从业者能够从海量的信息中迅速筛选出关键数据，从而揭示出隐藏的趋势和关联。例如，在政治选举期间，数据分析软件可以帮助记者分析不同地区的投票模式，预测选举结果，甚至揭露潜在的选举舞弊行为。这种技术的应用，使记者能够在报道中提供更专业的分析和更丰富的维度，提高报道的深度和准确度。人工智能技术的应用在新闻行业中发挥越来越重要的作用，人工智能技术不仅可以自动化处理大量的日常新闻采集和初步编辑工作，还能通过学习以往的报道模式，自动生成新闻稿件。此外，人工智能技术在图片和视频的生成以及编辑中也显示出巨大的潜力。例如，通过使用人工智能技术，新闻机构可以快速生成适用于不同报道环境的图片和视频内容，极大地增强了新闻的表现力和吸引力。更重要的是人工智能技术能够分析大量的用户数据，帮助新闻机构更好地理解受众需求，从而生产出更符合受众偏好的内容。

此外，移动技术和云计算的发展也极大地扩展了新闻的采集和发布范围。记者可以利用智能手机和其他移动设备，在全球任何地点即时采集新闻，实时上传数据和内容到云服务器，确保报道的及时性和连续性。这种技术的应用不仅提高了工作的灵活性和效率，也使得新闻内容能够更快速地反映事件的最新进展。例如，在突发事件发生时，记者可以在现场通过移动设备进行直播，第一时间将事件的现场情况传达给全球受众，这种实时性是传统新闻工具无法比拟的。技术工具的采用还促使新闻行业在理论与实践的结合方面迈出了新步伐。新闻学的多种理论，如沉默螺旋理论等，可以通过技术工具在实际报道中得到测试和应用，记者可以利用社交媒体分析工具来观察不同新闻话题的公众讨论热度，分析公众的沉默现象或是话题的传播门户效应。通过这些实际应用，新闻从业者不仅能够验证这些理论的实用性，也可以基于观察结果对理论进行调整和完善。技术工具在新闻行业中的应用不仅极大地提高了新闻报道的质量和效率，还深化了理论与实践的结合。通过持续地采用和优化这些先进的技术手段，新闻从业者能够更好地应对快速变化的信息时代，不断探索新的报道方式和策略，同时也能在激烈的行业竞争中保持领先地位，推动整个新闻行业的持续创新和发展。

六、策略性项目开发：目标导向的实践活动

在新闻行业中，策略性项目开发是提升报道质量和实现目标导向报道的关键手段。通过精心设计的项目，新闻机构不仅能够深入探讨特定的社会问题，还能在理论与实践之间架设桥梁，验证并改进理论模型，最终提升新闻报道的深度和广度。首先，策略性项目开发要求明确目标，这一过程涉及对社会现象的深入分析和对公众需求的准确把握。例如，如果一个新闻机构决定启动一个关于气候变化的长期报道项目，项目团队需要先明确报道的主要目标，可能包括增强公众的环保意识、推动政策制定或改变公众行为等。其次，项目团队需要详细规划如何达到这些目标，这可能包括一系列的采访、数据收集、实地考察和专题讨论会等活动。

在执行策略性项目时，跨学科的合作也至关重要。气候变化报道项目可能需要环境科学家的专业知识、数据分析师的技术支持以及政策分析师的见解。这种跨学科合作能够确保报道内容的科学性和权威性，使得报道不仅仅是新闻事件的简单叙述，而是具有深入分析和批判性探讨的深度报道。此外，项目团队还需要与图像设计师和多媒体制作人员紧密合作，使用数据可视化、互动图表和视频材料等形式，使复杂的信息更容易被公众理解和接受。在理论应用方面，策略性项目开发允许新闻机构将新闻学的各种理论如受众理论、传播效果理论等直接运用到实际报道中。通过实践活动的设计和反馈数据的分析，新闻机构能够检验这些理论在实际新闻环境中的有效性。例如，项目团队可以通过跟踪，分析受众的反馈和行为变化，来测试某种传播策略的实际效果，从而不断优化报道策略和内容设计。

项目评估和反馈也是策略性项目开发中不可或缺的一环。每个项目完成后，新闻机构需要对报道的影响进行评估，这包括社会影响、受众反馈、媒体同行的评价等多个维度。通过对这些数据的分析，新闻机构不仅可以衡量项目的成功程度，还可以识别项目存在的不足，为未来的项目提供改进的依据。这种基于反馈的持续改进过程，是提升新闻质量和效率的关键。此外，策略性项目开发促进了新闻机构的创新发展。在项目开发和执行过程中，新闻机构往往需要尝试新的报道方式和技术应用，如利用人工智能技术进行数据挖掘，或使用虚拟现实技术制作沉浸式报道，这些尝试不仅可以增加报道的吸引力和影响力，也推动了新闻技术的进步和创新。策略性项目开发是新闻机构连接理论与实践，实现高质量报道的有效途径。通过目标明确的项目设计、跨学科合作、理论的实际应用、严格的项目评估和不断的技术创新，新闻机构不仅能够提升自身的报道能力和专业水平，也能在不断变化的媒体环境中保持竞争力和影响力。这种以项目为导向的实践活动，不仅加深了公众对重要社会问题的理解，也推动了新闻学理论的进一步发展和完善。

第二节　学习与反思的重要性

一、定期评估：理论知识与实践效果的对比

定期评估在新闻行业中扮演着至关重要的角色，它不仅有助于从业者和新闻机构衡量自身的工作成效，也提供了一个机会来系统性地审视理论知识与实践效果之间的对应关系。通过定期评估，新闻机构能够获得宝贵的反馈，据此优化新闻的内容、形式和传播策略，同时也能增强新闻报道的社会责任感和公信力。定期评估使新闻从业者能够直接了解到哪些理论在实际的新闻工作中得到了有效应用，哪些理论则可能需要调整或改进。这种评估通常涉及对已发布新闻内容的详细分析，包括其受众接受度、传播效果和引发的社会反响。例如，通过分析特定报道的受众数据，新闻机构可以了解不同受众群体对于特定新闻主题的兴趣和反应，从而调整其后续报道的重点和方式。这不仅使新闻内容更加精准地满足受众需求，也促使新闻机构在报道实践中更好地应用受众理论和传播效果理论。

定期评估还有助于新闻机构检视其报道的社会影响，这是衡量新闻工作成功与否的一个重要指标。通过评估报道后的社会反应，包括受众的互动、公众讨论的广度，以及对政策或公众观念的影响，新闻机构可以判断其内容是否真正触及了公众的关切点，是否促进了社会问题的解决。例如，一个关于环保的系列报道，如果能够引起政府和公众的广泛关注，并推动相关政策的制定或改变，那么这种社会影响便是对新闻成

功的一种证明。这种评估结果对于新闻机构的品牌形象和公信力至关重要。此外，定期评估也是新闻机构持续更新技术和方法的一个动力源泉。随着数字技术的快速发展，新闻报道的手段和工具也在不断变化。定期更新技术和方法不仅可以帮助新闻机构确认现有工具的效率和有效性，还可以指出需要引入或开发新工具的领域。例如，随着社交媒体的兴起，新闻机构可能需要评估其在社交媒体上的表现，是否有效地利用这些平台来增强新闻的影响力和覆盖范围。通过这种定期评估，新闻机构可以及时调整其数字策略，确保其内容在多变的媒体环境中保持竞争力。

定期评估还关注从业者的个人职业成长和团队的协作效率。通过定期评估团队成员在项目中的表现，新闻机构不仅可以了解每个成员的强项和弱项，还可以有针对性地提供培训和发展机会。这种针对个人和团队的评估有助于提升整个新闻团队的专业技能和工作效率，同时也增强团队成员之间的协作和创新能力。进行定期评估可以培养新闻从业者持续学习和自我反思的习惯。在新闻行业这一快速发展且竞争激烈的领域中，只有不断学习和适应新技术、新方法，才能保持专业竞争力。通过定期的评估活动，新闻从业者不仅能够反思和总结过往的工作经验，还能够根据评估结果调整自己的工作策略和方法，从而更有效地应对行业的挑战和变化。定期评估对于新闻行业来说是一项极为重要的活动，它不仅能帮助从业者和新闻机构评估和提升工作效果，还是推动其持续改进、创新和适应行业变革的关键工具。通过定期评估，新闻机构和从业者可以确保在提供高质量、有影响力的新闻内容的同时，也能不断适应并引领行业的发展。

二、反思日志：记录实践过程中的学习与发现

反思日志在新闻行业中具有重要的意义，因为它不仅是个人的学习工具，而且对整个新闻团队的职业发展和效率提升都有着不可替代的作

用。通过系统性地记录和分析新闻制作的每一个步骤，新闻从业者能够梳理自己的工作流程，识别效率瓶颈，将个人经验转化为团队的共有知识资源。反思日志还能够帮助新闻从业者跟踪和分析决策过程。新闻制作是一个复杂的决策过程，从选题、采访、撰写到最终发布，每一个环节都充满了选择，通过记录这些决策的背景、考虑的因素以及最终的结果，新闻从业者不仅可以在项目结束后进行总结学习，还能在类似情境下更快地作出决策。例如，在报道一个重大新闻事件时，记者需要决定是否使用某个未经完全验证的消息来源，在反思日志中详细记录作出这一决策的原因和后续的影响，可以帮助记者在未来面对类似选择时更加谨慎，权衡其利弊。

此外，反思日志在新闻从业者个人职业技能的发展中起着桥梁作用。通过定期回顾自己的日志，新闻从业者可以清晰地看到自己在某个领域内，比如数据分析、视频制作或深度报道等方面的进步。这种自我监测的过程不仅可以激励他们继续前进，还能激发他们对新技能的学习兴趣。例如，一个记者可能在日志中反复提到自己在使用某个视频编辑软件时遇到的困难，这可能促使他参加相关的培训课程，从而提升他的技能。反思日志还有助于新闻从业者理解理论知识在实际工作中的应用，如新闻学中的传播效果理论、叙事理论等，都可以在实际的新闻报道中应用。通过在反思日志中记录这些理论的应用情况和实际效果，新闻从业者不仅能够更好地掌握理论，还能对理论的实用性和局限性有更深刻的认识。例如，应用叙事理论构建报道结构可能会在某些情况下增强故事的吸引力，而在其他情况下则可能不适用，通过记录和分析这些案例，新闻从业者可以更加精准地利用理论指导实践。

在团队层面上，反思日志的共享和讨论可以极大地增强团队的协作和创新能力。当团队成员定期分享他们的日志摘要时，不仅可以互相学习对方的成功经验，还能共同探讨遇到的问题和挑战。这种开放的知识共享文化能够促进团队内部的信任和支持，同时也激励团队成员从不同角度思考问题，寻找创新的解决方案。例如，在月度会议中，编辑团队可能会讨论最近一个特别报道的制作过程，通过对每个成员的反思日志进行回顾和分析，整个团队可以学习如何在未来处理类似报道时更有效地协调资源和时间。反思日志作为一种文档记录，本身就是一种珍贵的资料库，随着时间的积累，这些日志记录了大量关于新闻制作、团队协作和创新实践的知识，成为未来新进成员学习的宝贵资源。此外，这些日志还可以作为研究和教学的案例，帮助新闻教育者和学者更好地了解新闻制作的现实挑战和解决策略。通过日常记录和反思，新闻从业者能够不断加强理论与实践的联系，提升工作效率，同时也能持续进行职业反思和自我提升，从而制作出更高质量的新闻报道。

三、互动反馈：从同行和导师处获得建议

在新闻行业中，互动反馈被视为一种至关重要的学习和发展工具。通过与同行和导师的持续互动，新闻从业者可以获得宝贵的意见和建议，这些反馈不仅能提升他们处理复杂报道的能力，还能帮助他们在理论与实践中找到更有效的平衡点。与经验丰富的同行和导师进行定期的交流和讨论，可以使新闻从业者在遇到专业挑战时获得及时的支持和指导。这种交流通常涉及对特定报道的策略讨论，包括如何更好地构建新闻故事、如何处理敏感话题，以及如何利用新兴技术提高报道的影响力。在这些讨论中，新闻从业者不仅能学习到不同的工作方法和视角，还能直接应用这些经验教训来优化自己的工作流程和报道质量。此外，互动反馈也为新闻从业者提供了一个反思自己工作的机会，通过呈现自己的工作给其他专业人士评审，新闻从业者能够从外部获得关于其工作质量和专业技能的客观评价。这种评价往往涵盖了从报道内容的准确性到故事叙述技巧的各个方面，能够帮助新闻从业者认识到自己的强项和弱项，从而促使他们不断提高专业能力。

互动反馈环节通常与定期的工作回顾和成果展示相结合，例如编辑会议或新闻项目的复盘研讨会。在这些场合，新闻从业者有机会展示他们的工作成果并接受来自同行和导师的批评与表扬。这种形式的反馈不仅增强了团队成员之间的沟通和理解，还激发了团队内部的创新和竞争，推动了整个编辑团队的质量提升。此外，与导师一对一辅导或小组讨论等形式的互动反馈，可以更加个性化地满足从业者的发展需求。导师通过这些交流，可以根据个人的职业发展阶段和具体需求，提供定制化的指导和资源推荐，这种针对性的支持极大地加速了新闻从业者的职业成长和技能提升。互动反馈促进了知识的持续更新和共享，在不断变化的新闻行业中，保持知识和技能的最新状态是非常重要的。通过与同行和导师的互动，新闻从业者能够持续获取行业最新动态、技术变革和理论发展的第一手资料，确保他们不会在激烈的职业竞争中落后。互动反馈是新闻从业者连接理论与实践、提升专业技能的有效途径，通过这一过程，他们不仅能够获得必要的职业指导，还能在同行和导师的支持下，不断优化自己的新闻实践，提高新闻报道的专业性和深度。

四、持续教育：更新理论知识与实践技能

持续教育在新闻行业中起着至关重要的作用，能够帮助新闻从业者跟上技术发展的步伐、理解变化的受众需求，并应对日益复杂的伦理与法律挑战。在这个快速变化的行业中，不断更新和提升个人技能和知识不仅是个人职业生涯发展的需要，也是新闻机构持续保持行业领先地位的关键。持续教育帮助新闻从业者掌握最新的技术工具和平台，这对于提高工作效率和新闻内容的质量至关重要。随着数字技术的飞速发展，新的工具和平台如区块链技术、人工智能、大数据分析和增强现实技术等不断涌现，这些技术正在改变新闻的采集、制作、分发和消费方式。例如，人工智能技术可以帮助新闻编辑自动生成新闻报告，而大数据分析则可以帮助新闻机构精确地了解受众的喜好和行为特点，从而制定更加精确的内容策略。持续教育通过专业课程、工作坊和在线培训等方式，使新闻从业者能够及时学习和掌握这些先进技术，有效地将其应用于实际工作中。持续教育还强化了新闻从业者的理论基础，并促使他们将新理论应用于实际报道中，如新闻学和传播学理论的发展为新闻实践提供了理论支持和指导。随着研究的深入，许多新的理论和模型不断涌现，如网络传播理论、多平台内容传播策略等。这些新理论有助于新闻从业者更好地理解信息如何在现代社会中传播，以及如何更有效地与受众沟通。持续教育通过举办讲座、研讨会和专业课程，为新闻从业者提供了理解和学习这些新理论的机会，从而使他们能够在实际工作中运用这些理论，提高报道的深度和广度。

此外，持续教育促进了新闻从业者在伦理和法律知识方面的持续更新。新闻报道在现代社会中承担着传递信息、塑造公众意见和监督权力的重要职责，因此，遵守职业道德和法律规定极为重要。随着法律环境的变化和新的伦理问题的出现，新闻从业者必须不断学习和更新相关知识，以确保其报道的合法性和道德性。持续教育为新闻从业者提供了学习最新法律法规、理解新兴伦理挑战（如虚假信息、隐私权保护等）的机会，帮助他们在复杂的职业环境中作出恰当的决策。持续教育还有助于建立和维护专业网络，通过参与各种培训课程和专业活动，新闻从业者不仅可以学习新知识和技能还可以与同行建立联系，分享经验和资源。这种专业网络对于职业发展和信息交流极为重要，尤其是在全球化和网络化迅猛发展的今天，能够让新闻从业者从全球同行那里获得启发，拓宽视野，增强创新能力。通过持续教育，新闻从业者可以不断提高自己的职业技能和工作效率，更好地适应快速变化的新闻行业，提供高质量的新闻内容，服务于公众。

五、论文的撰写与出版：分享经验和成果

撰写研究论文和出版发行在新闻行业中起到了多重作用，不仅为个人职业发展提供了推动力，同时也为整个新闻界的知识体系和实践方法带来了持续的更新与创新，这一过程不仅要求新闻从业者在专业领域内深化其理论与实践知识，还需要在学界和业界建立自己的声誉。研究论文的撰写过程本身就是一个深入学习和自我挑战的过程，新闻从业者在选择研究主题时，往往会选取那些具有社会影响力或职业关注度高的议题，这些议题可能涉及新兴的媒体技术、新闻伦理问题、受众行为研究、全球新闻动态等。在研究过程中，他们需要广泛地收集资料，包括历史数据、现有研究文献、案例分析等，以确保论文的深度和广度。通过这一过程，新闻从业者不仅能够提升自己的研究技能，而且还能更加深入地理解行业动态，增强自身的批判性思维和问题解决能力。此外，研究论文的撰写也是一个系统性思考和创新的过程。在分析数据和信息时，新闻从业者必须运用逻辑推理和批判性思维，不断地测试和验证自己的假设。这种方法不仅有助于他们在研究中发现新的模式和关联，还能在实际的新闻报道中应用这些发现，从而提高报道的质量和内容的深度。例如，通过研究社交媒体对新闻消费的影响，记者可以更有效地制定内容发布策略，以增加受众的参与度和满意度。

研究论文的出版发行则提供了一个专业的反馈平台。通过同行评审，新闻从业者的研究成果会受到来自全球其他专家的审查和评论，这种专业的交流不仅能帮助他们认识到研究中可能的盲点和错误，还能提供改进的建议和方向。这种基于证据的反馈机制是提升研究质量的关键，也是确保研究成果能在学界和业界产生影响的重要步骤。研究论文的撰写与出版也有助于新闻从业者建立和扩展其专业网络。通过参与国际会议及在线论坛，他们不仅可以展示自己的研究成果，还可以与其他研究者交流思想和方法，寻找合作的可能。这种职业上的互动不仅能够开阔视野，还可以激发新的研究和报道思路，从而不断推动个人和行业的成长。持续的研究论文写作和出版活动有助于建立新闻从业者在行业内的权威地位。随着研究成果的积累，他们可能被视为某一领域的专家，这不仅能增强个人职业生涯的发展潜力，也有助于他们在新闻教育、政策制定等方面发挥更大的影响力。此外，通过出版研究论文，新闻从业者可以为公众提供基于事实的见解和深入的分析，这在增强公众对新闻媒体的信任和理解方面起着至关重要的作用。撰写和出版研究论文是新闻从业者专业发展的重要组成部分，不仅有助于提高他们的研究和分析能力，还可以通过学术与职业交流，促进个人和整个新闻行业的成长与创新。这些活动使新闻从业者能够在全球新闻界中保持竞争力，并为社会提供高质量、深入和有影响力的新闻报道。

六、研讨会等会议：展示研究成果与实践经验

参与研讨会等会议对于新闻从业者来说，不仅是一个展示研究成果和实践经验的机会，更是一个不断学习和成长的平台。在这些活动中，新闻从业者不仅可以与同行分享自己的工作，还能从他人那里获得宝贵的意见和反馈，这对于个人的职业发展和整个新闻机构的发展都是极其有益的。研讨会等会议提供了一个学术交流的场所，新闻从业者可以在此展示他们对特定新闻议题的深入研究。这种交流不仅限于展示成果，更重要的是它提供了一个批评和自我反思的机会。例如，在会议上，当一个记者展示其关于政治报道的研究时，来自不同文化和政治背景的同行可能会提供新的视角或意见，这些都是该记者在日常工作中难以接触到的，这种多元的反馈可以帮助该记者深化对自己研究的理解，同时也可能指引他未来研究的方向。参加研讨会等会议使新闻从业者能够及时了解行业的最新发展和趋势。新闻行业是一个快速变化的领域，新的技术和方法不断涌现。在这些会议上，专家们经常会介绍最新的新闻采集

技术、数据分析方法或者叙事技巧等，这些信息对于保持新闻从业者的竞争力至关重要。例如，一个关于使用人工智能技术进行新闻自动生成的研讨会展示了最前沿的技术应用，从而激发新闻从业者探索如何将这些技术应用到自己的工作中。

　　研讨会等会议也是建立和维护职业网络的重要场合。这些活动通常吸引来自世界各地的新闻从业者、学者和技术开发者，为参与者提供了结识同行和未来合作伙伴的机会。在这种环境下，新闻从业者可以交流各自的工作经验，探讨行业挑战，甚至可能启动跨国或跨机构的合作项目。这种职业联系的建立对于开阔视野、获取新资源和推动职业生涯的发展都有着不可估量的价值。研讨会等会议还能够提升新闻从业者的公共演讲和沟通技巧。在这些活动中，新闻从业者通常需要向听众清晰地介绍自己的工作，这不仅需要深厚的专业知识，也需要良好的表达和沟通能力。通过在公众面前演讲，新闻从业者可以提高自己的自信心和专业形象，这对于新闻从业者来说是非常重要的职业技能。通过参与研讨会等会议，新闻从业者可以获得新的灵感和创意。在这种多元化的思想交流中，不同背景的演讲者和听众的互动，能激发新的报道主题和新的报道方法，这种创新的火花对于新闻内容的丰富性和吸引力至关重要，也是推动新闻行业持续发展的动力之一。研讨会等会议不仅仅是展示研究成果和实践经验的场所，更是新闻从业者学习新知识、建立职业联系、提升个人能力和获得新灵感的重要平台。通过参与这些活动，新闻从业者能够不断地提升自己的理论水平和实践技能，维护并扩大自己在新闻行业中的影响力和竞争力。

第六章 实例分析

第一节 新闻理论与实践结合的案例展示

一、多媒体报道中的理论应用

某知名媒体集团在报道一场大型国际体育赛事时，充分运用了多媒体报道方式，创造了一个融合文字、图片、视频、音频和交互式内容的全方位报道项目，这个案例展示了如何在实践中灵活应用多媒体报道，以提升新闻报道的深度和广度。在报道策划阶段，团队运用了跨媒体叙事理论，设计了一个涵盖多个平台的报道框架。主要报道内容被分解成不同的模块，每个模块都选择了最适合的媒体形式来呈现。例如，将赛事的实时进展通过文字直播和短视频的形式发布在社交媒体平台上，满足了受众对即时信息的需求，而对于复杂的赛事规则和历史沿革，团队则制作了一系列信息图表和动画短片。这些视觉化的内容不仅让复杂信息变得易于理解，还增强了报道的趣味性。

为了深入挖掘赛事背后的故事，报道团队采用了深度报道理论中的多角度采访方法，记者不仅采访了参赛运动员，还接触了教练、家属、赛事组织者等多方面的相关人士。这些采访内容被制作成一系列音频，每集聚焦一个特定的主题或人物故事，这种形式既保留了口述历史的原汁原味，又便于受众在碎片化时间里收听，有效地扩展了报道的深度。在视觉呈现方面，团队运用了视觉传播理论，精心设计了报道的整体视觉风格。网页版报道采用了响应式设计，确保在不同设备上都能获得良好的阅读体验；图片报道不仅包括赛事现场的精彩瞬间，还通过一系列人物肖像和环境特写，展现了赛事的氛围和参与者的情感。摄影团队还尝试了360度全景摄影技术，让受众能够身临其境地体验赛场环境。

为了增强用户参与度，团队在报道中融入了游戏化元素，这是基于互动新闻理论的实践尝试。例如，设计了一个虚拟运动会小游戏，让用户可以选择不同的虚拟角色参与比赛。通过这种方式，用户不仅能够娱乐，还能更直观地了解各项比赛的规则和技巧。报道还包含了一个实时更新的数据可视化界面，展示各国的奖牌数量和运动员表现，用户可以根据自己的兴趣进行数据筛选和查看。

这个多媒体报道项目取得了显著的传播效果，不仅吸引了大量的用户关注，还获得了业内的好评。通过综合运用跨媒体叙事理论、深度报道理论、视觉传播理论和互动新闻理论，报道团队成功地创造了一个全方位、多角度、高度互动的新闻产品。这个案例清晰地展示了理论如何在实践中得到灵活应用，同时也为未来的多媒体报道实践提供了有益的借鉴，不仅体现了新闻报道形式的创新，更展示了如何在数字时代满足受众多元化的信息需求，提升了新闻报道的价值和影响力。

二、社交网络分析在新闻采集中的实践

社交网络分析（SNA）在新闻采集中的应用已经成为现代新闻行业的一个重要趋势。这种技术使新闻从业者能够通过分析社交网络上的数据流和交互模式，有效地跟踪和解析信息传播路径，识别关键影响者并及时捕捉社会动态和公众舆论。这一工具的运用大大提高了新闻的采集效率，增加了报道的深度，使新闻工作更加贴近信息时代的需求。社交网络分析工具使新闻从业者能够有效地追踪信息的流动和传播路径。在大数据的背景下，新闻事件可以通过社交媒体迅速传播，成为热点话题。而通过社交网络分析工具，新闻从业者可以实时监控这些信息的流动，识别出在传播过程中起到关键作用的节点，如某个热门微博的转发路径。这种监控不仅能帮助新闻从业者快速响应社会热点，更能深入理解信息传播的机制。

社交网络分析在揭示信息源和关键影响者方面发挥着至关重要的作

用。通过分析社交网络中个体的连接性和中心性，新闻从业者可以识别出那些在网络中具有较高影响力的账号或群体。这些账号或许属于公众人物、权威媒体或其他有影响力的组织，在网络中的活动往往可以反映出较为真实和具有权威性的信息源。例如，在政治报道中，通过监测政治家和政治组织的社交媒体活动，记者可以获得最新的政策动向，甚至预测政治事件的发展趋势。社交网络分析还有助于新闻从业者理解特定话题或事件的公众情绪和反应。通过分析大量用户在社交平台上的互动和表态，新闻机构可以获得宝贵的第一手数据，分析公众对于特定事件的情绪倾向和观点分歧。这种分析不仅能够增强报道的深度，使其更具针对性和说服力，还能帮助新闻机构在制定报道策略时更贴近公众的需求和期待。

此外，社交网络分析对于新闻机构来说还是一个重要的策略工具。在新闻发布和传播策略制定中，通过分析哪些类型的内容更易于在社交网络中获得高度关注和快速传播，新闻机构可以更科学地规划其内容策略，设计引发高度互动和参与的报道。这不仅提高了新闻内容的影响力，也优化了资源的分配和利用，增强了新闻品牌的市场竞争力。然而，社交网络分析在新闻采集中的应用也引发了一系列伦理和法律问题，尤其是关于隐私保护和数据安全的问题。新闻机构在使用这些工具时必须严格遵守相关的法律法规，确保在数据收集和处理过程中尊重和保护个人隐私，避免侵犯用户权益。此外，新闻从业者在利用社交网络分析的数据进行报道时，还需要持续关注信息的准确性和真实性，防止传播未经验证的信息或假新闻。社交网络分析为新闻采集提供了强大的技术支持，极大地提高了新闻报道的时效性、准确性和深入性。通过这一工具，新闻从业者不仅可以有效地捕捉和分析社会信息流动和公众舆论，还可以优化报道策略，提升新闻内容的质量和影响力。然而，正确和合法地使用这一工具，平衡其带来的技术优势和潜在的伦理风险，将是新闻行业在未来需要持续关注的重要课题。

三、数据新闻的理论基础与实践展示

某知名新闻网站在报道城市交通拥堵问题时，成功运用了数据新闻的理论与实践，创作了一个引人注目的数据新闻作品。这个案例充分展示了如何将数据新闻理论应用于实际报道中，以及如何通过数据分析和可视化技术来增强新闻报道的深度和说服力。

在项目初期，报道团队基于精确新闻学理论，制定了严谨的数据收集和分析方案。记者们通过多种渠道收集了大量关于城市交通的数据，包括交通部门的官方统计数据、地图服务提供商的实时路况数据以及通过手机应用程序收集的市民出行数据。为确保这些数据的准确性和可靠性，团队还邀请了数据科学专家参与数据清洗和验证过程。这种基于理论指导的数据收集和处理方法，为后续的分析和报道奠定了坚实的基础。

在数据分析阶段，团队运用了计算新闻学的方法，使用高级统计工具和机器学习算法对海量数据进行挖掘和分析，通过对比不同时间段、不同区域的交通数据，发现了城市交通拥堵的时空分布规律，又通过对历史数据的分析，识别出了影响交通拥堵的关键因素，如天气条件、重大活动等。这种深度的数据分析不仅揭示了问题的本质，还为解决方案的提出提供了科学依据。

在数据可视化环节，团队运用了信息设计理论，将复杂的数据分析结果转化为直观易懂的视觉元素。设计师们创作了一系列交互式图表和地图，包括城市交通拥堵热力图、拥堵指数变化趋势图等。这些可视化作品不仅美观、吸引人，更重要的是能够有效地传达复杂的数据信息。通过这些可视化工具，读者可以直观地看到自己所在区域的交通状况，了解拥堵的时间规律，甚至可以根据预测模型规划最优出行路线。

为了增强报道的叙事性和人文关怀，团队在数据分析的基础上，采用了新闻叙事学的方法。记者深入采访了受交通拥堵影响的市民、交通管理部门的工作人员以及交通规划专家，这些个人故事和专业观点与数

据分析结果相结合，使得报道既有数据支撑的客观性，又有人物故事的感染力。团队还制作了一个互动式的"交通模拟器"，让读者可以通过调整不同的参数，如公共交通覆盖率、道路规划等，来模拟不同政策对交通状况的影响。

这个数据新闻项目不仅获得了广泛的社会关注，还促进了城市交通政策的调整。通过综合运用精确新闻学、计算新闻学、信息设计理论和新闻叙事学，报道团队成功地将复杂的数据转化为有价值的新闻信息。这个案例生动地展示了数据新闻理论如何在实践中得到应用，同时也为未来的数据新闻实践提供了有益的参考，不仅体现了新闻报道形式的创新，更展示了如何利用数据和技术来深入挖掘社会问题，提升了新闻报道的深度和影响力。这种理论与实践的结合，使数据新闻在探索社会问题、促进公共政策制定方面发挥了重要作用。

四、危机报道中理论与实践的结合

危机报道是新闻行业中最具有挑战性的报道任务之一，要求新闻从业者在极短的时间内，不仅要提供快速而准确的信息，同时还要确保信息的传达能够帮助公众有效应对危机。在这种背景下，理论与实践的结合成为确保报道质量和影响的关键因素。理论指导在危机报道中至关重要，特别是在信息的收集和验证阶段，新闻从业者必须依赖于新闻采集技巧来快速识别可靠的信息源。例如，在自然灾害发生时，报道的第一手信息通常来自政府公告、救援组织的信息或者现场目击者的个人社交账号。记者需要具备识别信息的能力，判断这些信息的可靠性，这不仅包括源头的可信度，还包括通过多渠道核实同一信息的真实性。此外，新闻从业者必须熟悉并运用现代技术，如卫星图片解读、社交媒体监控工具和实时数据分析软件，以增强报道的时效性和准确性。理论的应用还体现在危机沟通的策略上，有效的危机沟通理论强调，在向公众传达信息时必须清晰、准确，避免造成不必要的恐慌。这包括使用公众容易理解的语言，避免过度技术化的术语，清楚地说明公众应采取的行动措施。例如，报道台风来临时，除了提供台风的具体路径和预计影响外，更重要的是提供避难所信息、紧急联系方式和安全指南，帮助公众作出有效的应对。

在实践中，危机报道要求新闻机构建立快速反应的机制和团队。这通常意味着跨部门的合作，比如新闻采集、编辑、技术支持和外联部门的紧密协作，确保可以从多方位快速收集和发布信息。同时，新闻机构需要与政府、非政府组织、救援队伍以及其他媒体有着良好的沟通渠道，共享信息资源，提高报道的广度和深度。此外，危机报道还需要特别注意伦理问题，尤其是在涉及个人隐私和悲剧性事件报道时。理论上，新闻伦理要求新闻从业者在报道中尊重受害者和受影响群体的尊严，避免不必要的猎奇和侵犯隐私，这对于维护新闻媒体的公信力和责任感至关重要。危机报道后的反馈和评估也是实践中的重要组成部分，通过监测报道的社会反响、公众的反馈以及相关机构的评价，新闻机构可以评估报道的效果，认识到在报道中存在的问题和不足，不断优化应对危机的策略和流程。危机报道是一种高度依赖于理论指导和实践经验的新闻形式。通过理论的指导和科学的实践，新闻从业者不仅能及时准确地报道危机，更能通过有效的信息传递帮助公众减轻危机带来的影响，彰显新闻媒体在社会中不可替代的价值和功能。

五、环境新闻报道的案例研究

某知名环境媒体在报道一个重大环境事件时，成功地将环境新闻学与实践相结合，创作了一个引人深思的系列报道。这个案例展示了如何将环境传播理论、调查性报道理论和多媒体叙事方法应用于实际新闻报道中，以及如何通过深入调查和创新表现形式来增强环境新闻的影响力。

报道团队在项目初期就运用了环境传播理论中的风险沟通模型,对事件的潜在影响进行了全面评估,记者们不仅关注了事件本身,还深入调查了事件可能对生态系统、公众健康和当地经济造成的长期影响。为了确保报道的准确性和全面性,团队还邀请了环境科学家、公共卫生专家和经济学家参与研究过程,这种跨学科的合作方式,使得报道能够从多个角度剖析环境问题的复杂性。

在调查过程中,团队采用了调查性报道理论中的深度采访和文献研究方法。记者们通过长期驻地采访,深入受影响地区,收集了大量第一手资料。团队也对相关的政府文件、科研报告和历史档案进行了详细的梳理和分析。这种深入细致的调查不仅揭示了环境事件的直接原因,还追溯了问题的历史根源和制度性因素。通过这种方式,报道超越了单一事件的表象,展现了环境问题的系统性和复杂性。

为了更好地呈现调查结果,团队运用了多媒体叙事方法,设计了一个融合文字、图片、视频和互动元素的报道框架。主要报道内容被分解成多个主题模块,每个模块都选择了最适合的媒体形式来呈现。例如,环境变化的过程通过时间轴图表和卫星图像对比来展示;受影响居民的生活状况则通过纪实性的视频短片来呈现;团队还制作了一个交互式地图,读者可以通过点击不同区域来了解详细的环境数据和相关信息。这种多元化的呈现方式不仅增强了报道的可读性,还提高了信息的传播效果。

为了增强报道的感染力并引发公众参与,团队在报道中融入了公众科学的元素。报道网站上设立了一个公众参与平台,鼓励读者上传自己观察到的环境变化照片和数据,这些来自公众的信息经过专业团队的验证后,被整合到报道的互动地图中。团队还组织了一系列线下活动,如环境讲座和社区清洁行动,将新闻报道与实际行动结合起来,这种方式不仅扩大了报道的信息源,还促进了公众对环境问题的认知和参与。

这个环境新闻报道项目不仅获得了广泛的社会关注,还推动了相关环境政策的制定和实施。通过综合运用环境传播理论、调查性报道理论和多媒体叙事方法，报道团队成功地将复杂的环境问题转化为引人入胜、易于理解的新闻作品。这个案例生动地展示了环境新闻理论如何在实践中得到灵活应用，同时，也为未来的环境报道实践提供了有益的借鉴，不仅体现了环境新闻报道形式的创新，更展示了如何通过新闻报道来提升公众的环保意识，促进环境保护行动的开展。这种理论与实践的紧密结合，推动了环境新闻在揭示问题、引导舆论、促进社会变革方面的重要作用。

六、跨文化报道的理论指导与实际操作

跨文化报道是一项挑战性极高的新闻工作，要求记者在传达事实的同时还要深入理解和尊重每种文化的独特性。在这种报道中，理论提供了一个宝贵的框架，帮助记者有效处理不同文化之间的复杂交流，并确保信息在全球受众中得到准确的理解。跨文化报道需要记者具备文化敏感性，这一能力的培养往往依赖于跨文化交际理论的指导，记者必须了解不同文化中的沟通风格、表达习惯和禁忌，这些都是有效沟通的关键。了解这些文化差异有助于记者在报道中采用恰当的语气和表达方式，避免误解和冒犯。此外，理论还指导记者在收集新闻时如何处理源自不同文化的信息，这包括如何提问、如何解读回答，以及如何评估信息的可靠性。不同文化背景下的受访者可能对同一问题有完全不同的理解和反应。因此，记者需要具备能力去正确解读这些回应，并在报道中作出平衡和公正的表述。

跨文化报道还涉及通过故事讲述来减少文化差异。通过讲述能够引起共鸣的故事，记者可以帮助不同文化背景的受众理解和感受其他文化背景的人和事。而选择普遍具有共性的主题，如家庭、教育、工作和梦想，可以增加故事的普遍吸引力，促进不同文化之间的理解和尊重。在实际操作中，记者在进行跨文化报道时还必须注意使用适当的视频和音频材

料来支持文字内容。图片、音频和视频材料应该精心挑选，以确保它们能够恰当地反映报道的特点，同时避免刻板印象或俗套形象，这不仅是对报道对象的尊重，也是确保报道质量的重要方面。跨文化报道的成功很大程度上取决于记者的持续学习和自我反思能力。记者需要不断地评估自己的工作，学习新的文化知识，反思自己可能存在的偏见并寻求从多样化的视角进行报道，这种持续的职业发展是跨文化报道能够达到其交流和教育目的的关键。通过上述方式，跨文化报道不仅促进了全球受众之间的相互理解和尊重，也展示了新闻媒体在构建更加包容和多元的全球社会中的作用。这种报道的复杂性和重要性要求记者不仅要精通新闻技能，更要深入理解并实践跨文化交际的理论，以确保每个故事都能真实、公正地呈现给受众。

第二节　案例操作和成果分析

一、策略制定与执行过程

在新闻行业中，策略制定与执行过程是确保项目成功的关键。这一过程不仅涉及对项目目标的精准设定，还包括资源的合理配置和执行过程中的细致管理，这些都对项目的最终效果有着直接的影响。策略的制定阶段是项目管理中至关重要的第一步。在这一阶段中，新闻团队必须清晰定义项目的主要目标，这些目标应具体、可衡量并与新闻机构的总体战略紧密相连。例如，若新闻机构旨在增强对年轻受众的吸引力，那么项目的目标可以包括增加对年轻人热门话题的报道数量和深度，或开发新的交互式内容格式以吸引年轻人的参与。在设定好目标后，团队还需要进行对市场和受众的研究，了解目标受众的具体需求和偏好，这一点对于制定有效的内容策略和传播策略至关重要。

资源的合理分配对于策略的成功执行至关重要。新闻项目通常需要多种资源，包括人力资源、技术支持、时间和资金等。项目负责人需要根据项目的性质和阶段，优先分配资源以支持关键的项目活动。例如，一个涉及深度调查的新闻项目，可能需要在前期的信息收集和验证上，投入大量的时间和人力资源；而在处理紧急新闻时，则需要快速调配资源以确保报道的及时发布。此外，技术资源的合理配置也非常关键。例如，选择合适的数据分析工具和内容管理系统可以有效提升工作效率。项目的执行阶段是策略转化为实际成果的关键时刻。在这一阶段，项目团队需要严格按照预定计划开展工作，同时保持灵活性以应对突发情况。高效的沟通机制是确保执行顺利的重要因素，团队成员之间需要保持密切的交流，确保信息的及时传递和问题的快速解决。此外，项目经理应定期审查项目进度和质量，确保所有任务都按照高标准完成并能及时调整计划，以应对项目执行中出现的任何挑战。

在整个项目执行过程中，持续的监控和评估也非常关键，这包括对项目进度的定期检查以及对达成项目目标的持续评估。有效的监控可以帮助项目团队及时发现问题并进行调整，而系统的评估则可以帮助团队评估项目的整体效果，了解哪些策略有效，哪些需要改进。这些反馈对于团队未来项目的成功执行具有指导意义。项目结束后，进行详尽的总结和回顾也是提高未来项目成功率的关键环节，团队应全面分析项目的每个阶段，从策略制定、资源分配到项目执行和成果评估，识别成功的要素和存在的不足。这一阶段的深入反思对于积累宝贵的经验、优化工作流程以及提升团队的整体执行能力至关重要。从策略制定到项目执行的每一个步骤都需要精心管理和周密执行。通过这一复杂而详尽的过程，新闻团队不仅能确保项目的顺利完成，还能在持续变化和竞争激烈的新闻环境中不断提升报道质量和效率，最终更好地服务于公众，提升新闻机构的品牌和影响力。

二、数据采集与分析方法

当代新闻产业中，数据采集和分析技术已成为提升报道深度和质量的关键工具。通过使用先进的软件和算法，记者能够高效地处理海量信息，从中提取有价值的数据以支持深入报道。数据采集是新闻报道中初步而关键的步骤。在这一阶段，记者使用各种工具和技术来收集所需的原始数据，这些数据可能来源于公共数据库、政府工作报告、社交媒体平台、网络爬虫抓取的内容等。例如，使用 API（应用程序编程接口）从社交媒体平台批量提取关于特定事件的用户讨论和反应，或利用网络爬虫从各类网站自动收集有关某一领域的最新研究数据。这些自动化工具不仅提高了数据收集的效率，也扩大了新闻报道的覆盖范围。

紧接着是数据清洗和预处理阶段。在这一步骤中，使用数据清洗软件去除采集过程中的错误、重复或不完整的数据是至关重要的，记者通过应用数据处理脚本，如使用 Python 或 R 语言编写的脚本，来标准化数据格式，填补缺失值，过滤掉不相关的信息。此外，对数据进行分类和标注，为数据分析做好进一步准备，这一过程确保了数据的质量和可用性，是进行准确报道的基础。随后进入数据分析阶段，记者使用统计分析和机器学习算法来识别数据中的模式和趋势。例如，通过聚类分析，记者可以识别出在自然灾害发生时民众行为的不同模式；通过情感分析，了解公众对于政治事件的情感倾向和强度。这些分析不仅帮助记者深入理解事件背后的复杂动因，还能在报道中提供数据支持的洞见和预测。

在数据可视化阶段将复杂的数据转化为图表、图形和交互式界面，使得普通受众能够直观易懂地理解复杂信息。使用如 Tableau、Power BI 等可视化软件，记者可以创造动态的数据故事，如通过时间轴展示事件的发展过程，或通过地图展示事件的地理分布情况。这种直观的表达方式不仅增强了报道的吸引力，也使得信息的传递更加高效和精确。记者和新闻机构需要对完成的数据驱动的报道进行效果评估。这包括分析报道的受众反馈、观看率或阅读量，以及社交媒体上的分享和讨论情况。新闻机构通过这一反馈可以评估数据分析和可视化的有效性，以及报道是否真正满足了受众的需求和期待。数据采集与分析不仅提高了新闻报道的科学性和精确性，也为记者提供了深挖事件本质和呈现复杂现象的强大工具。通过这些技术的应用，新闻报道能够更加深入人心，引导公众理解和讨论重要事件，有效履行新闻媒体的社会责任。

三、互动与受众反馈的分析

在新闻行业中，受众反馈的分析是优化报道内容和提高受众满意度的关键环节。随着数字化时代的到来，新闻机构可以利用多种渠道收集大量关于受众行为和偏好的数据，这些数据不仅反映了受众的直接反馈，也提供了实时的互动统计，为新闻编辑和策划提供了宝贵的资源。受众反馈通过在线评论系统直接表达，这些评论通常包含受众对新闻内容的直观感受、意见和建议，是衡量报道受欢迎程度和触动受众情感深度的直接指标。新闻机构通过分析这些评论，可以获得即时的质量反馈，了解哪些报道成功引起了受众的共鸣，哪些则引发了负面反应。此外，评论中可能还包含了受众对未来报道的期待和需求，为新闻机构指明了进一步报道的方向。社交媒体平台提供了另一种重要的受众反馈途径，通过监控如点赞、分享、评论等互动数据，新闻机构能够评估其内容的影响力和传播范围。这些数据不仅反映了内容的热度，也揭示了受众群体的分布和动态变化。例如，如果某条新闻在特定地区或人群中获得异常高的互动率，新闻机构可以针对这一群体进行更深入的报道以增强受众黏性和忠诚度。读者调查则提供了一种更系统和深入的反馈收集方式。通过定期或针对特定事件发放的在线调查问卷，新闻机构可以收集到受众的详细意见和具体建议。调查可以设计为多选题、评分题或开放式问题，以收集关于报道内容、形式、频率以及受众期待等多方面的信息。

这些调查结果有助于新闻机构在长期策略上作出调整，比如改变报道角度、增加互动性内容或调整发布时间，以更好地满足受众需求。

网站和应用程序的使用数据则从技术层面为新闻机构提供了受众行为。通过分析页面浏览量、访问时长、跳出率等指标，新闻机构可以评估其内容的吸引力和用户体验的优劣。例如，较高的跳出率可能表明入口页面的内容设置不够吸引人，或页面加载速度较慢。这些技术数据对于优化新闻网站的结构和用户界面设计具有重要意义，有助于提升用户的浏览体验并增加页面的停留时间。为了有效地应用这些受众反馈，新闻机构需要建立一套综合的数据分析系统，这包括采用先进的数据分析工具和算法，实时监控各种反馈渠道的数据，并将这些数据转化为可操作的洞察。此外，机构内部需要培养跨部门的合作，确保从技术、编辑到营销的各个团队都能共享数据资源，协同作业共同推动内容策略的优化和创新。通过这些丰富而多元的反馈渠道，新闻机构不仅能提高新闻内容的质量和相关性，还能增强与受众的互动和联系，最终在竞争激烈的媒体市场中占据有利地位。这种基于数据的、动态的内容策略调整，是新闻行业适应数字化挑战、满足日益多样化受众需求的关键。

四、报道效果与社会影响评估

在新闻行业中，报道效果与社会影响的评估是衡量新闻价值和效力的关键。通过综合评估这些影响，新闻机构不仅能够测量其工作的直接成果，还可以洞察其深远的社会效应，从而更有效地服务于公共利益和社会。新闻报道通过提升公众意识来实现其社会功能。新闻机构通过覆盖广泛的主题，从地方新闻到全球事件，影响公众并提高他们对重要事件的认识。这种影响的评估往往依赖于多种工具和方法，包括对公众调查的分析、社交媒体上的讨论活动以及其他在线互动数据。通过这些数据，新闻机构可以了解其报道是否成功地引起了公众的关注，以及这些关注是否转化为对相关主题的深入了解。例如，环保相关的报道可能会被用来评估公众对气候变化议题的敏感度变化，从而衡量报道的教育效果。新闻报道对政策变革的影响是其社会作用的另一重要表现，通过揭示社会问题、监督政府行为或揭露不公正现象，新闻报道可以驱动政策的制定或改变。这种影响的评估通常需要跟踪报道后的政策变动，包括新政策的制定、现有政策的修订或法律的实施等。此外，与政策制定者的访谈可以提供直接的证据，说明新闻报道如何影响政策制定过程。例如，新闻报道可能揭露了某地区医疗资源分配的不公，进而推动了当地政府调整或增加医疗投入，这种政策响应可以直接追溯到新闻报道的社会影响。

此外，新闻报道通过影响个体和群体的行为也能引导社会行为的改变。这种影响往往通过改变公众的行为习惯或社会实践来实现，评估这一影响通常需要长期观察和后续研究，以确定人们的行为是否因新闻报道而发生变化。例如，一系列关于健康饮食的报道可能会促使公众改变饮食习惯，减少对某些食品的消费，这种变化可以通过市场销售数据、健康调查以及社区健康统计等多种方式进行量化评估。在进行这些社会影响的评估时，新闻机构还需要采用科学严谨的方法，确保数据的准确性和评估的客观性。这包括利用先进的数据分析技术、采用多方法交叉验证的研究设计，以及确保评估过程的透明性和公正性。对报道效果和社会影响的深入分析不仅能帮助新闻机构评估过去的工作，更重要的是，提供了宝贵的洞察，指导新闻机构如何优化未来的报道策略，以达到预期的效果。通过持续的评估和学习，新闻机构不仅提高了其新闻产品的质量和社会影响力，还增强了其在公众中的信任度和权威性。

五、教训与改进建议

在新闻行业中，每个报道项目都是一个机会，它不仅能传递信息，也可以反思和改进新闻的制作和传播过程。因此，从每次报道中汲取教训并据此制定改进建议，是确保新闻质量和增强公信力的关键。这一过程涉及对报道过程的深入分析，识别可能的不足，并设计策略以避免未来的错误。加强事实核查是提高报道质量的基础，尽管在紧迫的新闻周期中迅速发布新闻极为重要，但准确性更是新闻价值的核心。过去的经验表明，未经充分验证的信息不仅可能误导公众，还可能对新闻机构的声誉造成长远的损害，因此，新闻机构需要建立强有力的事实核查机制，这包括增加专门的事实核查团队，利用先进的技术工具进行数据验证，以及建立一个严格的内部审核流程，确保所有发布的内容都经过多层验证。

技术培训和传统采访技巧的平衡也极为关键。随着数字技术的发展，新闻行业引入了大量的新工具和新平台。这些工具在提高工作效率和拓宽信息来源方面起到了重要作用，然而，这也可能导致记者过分依赖技术，忽略了基本的采访技巧。为此，新闻机构应当平衡技术培训和专业技能的培养，鼓励记者走出办公室，进行现场采访，与信息源直接互动，这能够提高报道的真实性。处理报道中的偏见是另一个需要系统改进的领域，每个人都可能有意无意地带有偏见，记者也不例外。但新闻报道中的偏见不仅可能歪曲事实，还可能加深社会分裂。为了减少这种影响，新闻机构需要加强对记者的伦理教育，定期举办有关偏见识别和中立报道的培训。此外，采用多元化的新闻团队也是一个有效的策略，团队成员的多样性可以帮助机构从多角度审视和报道同一事件，从而减少单一视角可能带来的偏颇。

在国际报道中，跨文化的理解和敏感性同样重要。由于文化背景的差异，相同的事件在不同文化中可能有截然不同的解读。记者在报道国际新闻时，必须具备对所报道国家或地区文化、历史背景的深入了解，这不仅可以避免误解和偏见，还可以帮助国际受众更准确地理解事件的真实情况。此外，与当地记者或媒体的合作也是提高报道质量和准确性的有效方式。长期影响的评估同样不容忽视。新闻报道的效果不应仅仅通过短期内的点击率或观看次数来评估，更应关注其对公众意识、社会行为和政策变革的长远影响。新闻机构应开发全面的评估工具，定期检视报道的社会效果，确保新闻工作能在正确的道路上前进并持续提供社会价值。通过对这些关键领域的持续改进，新闻机构不仅能提高单个报道项目的质量，还能在整体上提升新闻工作的专业性和社会责任感，最终在快速变化的媒体环境中保持竞争力和公信力。

第三节　国际视野中的新闻理论与实践

一、全球卫生报道中的理论应用

在全球卫生危机的报道中，新闻理论的应用至关重要，它帮助记者和新闻机构在全球范围内有效传达重要健康信息，确保信息的准确性、及时性和可理解性。这种报道不仅是新闻机构的基本职责，也是对全球公共健康负责的表现。在处理全球卫生危机报道时，首先，必须确保信息的准确性。这需要新闻从业者依据科学的报道理论，与医学专家和全球卫生机构进行密切合作，确保所有报道的数据和信息都是基于最新的科学发现和研究。其次，全球卫生报道的挑战之一是确保信息在不同文化和语言背景下的有效传播。这里跨文化交际理论提供了宝贵的指导，强调了在报道中使用普遍易懂的语言和符号的重要性。因此，记者需要考虑到信息接收者的文化敏感性和健康素养水平，选择适当的表达方式，避免使用可能引起误解或恐慌的专业术语。

此外，全球卫生报道还需要考虑报道的及时性，卫生危机情况常常变化迅速，及时更新信息对于公众作出健康决策至关重要，这就要求新闻机构有快速响应的能力，同时也要有持续跟进报道的计划。采用数字平台和社交媒体可以在这方面发挥重要作用。它们不仅可以迅速传播重要信息，还可以与公众进行互动，回应他们的疑问和担忧，持续跟踪公众的反馈。在报道内容的构成上，理论还指导记者综合使用各种报道手法，如案例研究、背景分析和专家访谈，来增强报道的深度和广度。通过展示具体个案，例如，受疫情影响的个人或社区的故事，可以使抽象的健康统计数据具体化，增强公众的共情和理解，同时深入分析疫情背后的社会经济因素，可以帮助公众理解危机的复杂性，促进更全面的公共健康策略的讨论。全球卫生危机的报道要求新闻从业者在确保信息准确性的同时，兼顾其在全球范围内的传播效果。通过理论的指导和实践的应用，新闻报道不仅传递了必要的卫生信息，也在提升公众健康意识、引导健康行为变化方面发挥了积极作用，这些努力共同推动了全球公共健康的提升和卫生危机应对的国际合作。

二、国际政治报道的理论与实践

国际政治报道是新闻业中一项极具挑战性的任务，因为它不仅要求记者掌握复杂的国际关系知识，还要求记者能够将这些信息有效地传达给不同国家和文化背景的受众。在这种情况下，理论的应用是指导记者正确理解和报道国际政治事件的重要工具。国际政治报道依赖深入的背景知识，包括政治体系、历史冲突、经济联系，以及文化差异等方面。记者需要利用国际关系理论来构建对事件的深层理解，这包括现实主义、建构主义等理论，它们提供了不同的视角来解读国家之间的动态发展和行为。例如，现实主义强调国家利益的重要性，而建构主义关注社会结构对国家行为的影响。理论也指导记者处理报道中的偏见和立场问题。在国际政治中，每个国家或地区的媒体都有自己的视角和立场，记者在报道时需要保持客观和中立，避免无意中传递偏见信息，这要求记者运用批判性思维技巧，对各种信息来源进行评估和筛选，确保报道的全面性和平衡性。

此外，文化理解在国际政治报道中同样关键。记者必须了解不同文化的沟通方式，这有助于有效地向全球受众传达信息。例如，在一些文化中，直接和开放的批评可能被接受，而在另一些文化中，则可能被视为不礼貌或敌对的行为，理解这些差异有助于记者选择恰当的语言和报道方式，以增加信息的接受度和影响力。在报道具体事件时，国际政治理论指导记者构建报道的叙述结构。记者可以通过分析国际系统的变化、重大政治决策的背后动机以及这些决策对普通民众生活的影响，来讲述一个连贯且引人入胜的故事。这不仅增加了报道的深度，也能帮助受众更好地理解复杂的国际政治现象。为了提高国际政治报道的效果，记者需要使用多种现代传播工具和技术，包括社交媒体、多媒体元素和交互式图表。这些工具和技术可以帮助记者以更生动和直观的方式呈现信息，特别是在向年轻受众群体传达复杂的国际政治内容时更为有效。国际政治报道是一项需要精准运用理论和技术的新闻任务，通过深入理解国际政治理论、维持报道的客观性和中立性、理解文化差异以及使用现代传播技术，记者可以更有效地向全球受众传达重要的政治信息，促进国际的理解与对话。

三、文化多样性对新闻理论的影响与挑战

在全球化的今天，文化多样性对新闻理论和实践提出了新的要求和挑战。新闻机构面对来自不同文化背景的受众，必须考虑多样性的文化需求和敏感性，这不仅影响新闻内容的制作和呈现，也对国际新闻机构的操作模式和策略提出了挑战。文化多样性要求新闻内容能够跨文化传播而不失真。新闻报道在传递信息时，需要对不同文化背景下的语言用词、价值观和社会行为进行适当考虑。例如，一些文化可能会对某些话题持保留态度或有禁忌，这要求记者在报道时采取更为细致的处理方式。此外，各种文化对新闻的内容和叙述方式也有不同的偏好，如一些文化更重视故事和叙述的连贯性，而另一些则可能更注重事实的详细展示。

文化敏感性的培养对于新闻机构来说是一个重要的内部发展需求，这需要新闻机构在员工培训中加入跨文化交际的课程，使记者和编辑能够了解和尊重不同文化的特点。此外，多样化的编辑团队可以为新闻内容的文化适应性提供一定的保障，来自不同文化背景的记者能够为报道带来不同的视角，帮助机构在报道国际事件时，更准确地把握信息的传递和受众的接受方式。

对国际新闻机构而言，文化多样性还带来了内容策略上的挑战。新闻机构必须作出选择和平衡，决定哪些新闻内容是全球性的，哪些又需要作出本地化调整，以符合特定文化的需求。这不仅是内容层面的调整，也涉及广告和市场营销策略的多样化设计。例如，针对不同文化市场的广告宣传可能需要在视觉元素和口号上作出调整，以增强相关性和吸引力。此外，技术在处理文化多样性中也扮演了重要角色。新闻机构越来越依赖数字技术来分析受众数据，从而优化内容的文化相关性。通过大数据分析和人工智能，新闻机构可以精准地了解不同文化受众的偏好和反应，从而调整报道的角度和深度，使其更加符合不同文化群体的理解方式。文化多样性对新闻机构提出了多方面的挑战，从内容制作到团队管理，从市场策略到技术应用，都需要新闻机构在保持全球视角的同时，加强对本土文化的敏感和适应。通过这些努力，新闻机构不仅能够更有效地服务于全球化的受众，也能在复杂多变的国际舞台上保持竞争力和影响力。

第七章　新闻传播的挑战与应对策略

第一节　遇到的困难和挑战

一、技术发展的快速变化

在新闻行业中，技术的迅速发展正塑造着新闻报道的未来，同时也带来了一系列挑战。随着新工具和新平台的持续出现，新闻机构必须不断适应这些变化以维持其新闻报道的质量和影响力。新技术的引入使新闻机构必须不断地投资最新的硬件和软件，这一需求使投资成本不断增加，这对于许多新闻机构来说尤其是小型和独立机构是一个巨大的财务负担，例如，无人机、虚拟现实设备和高级编辑软件等的采购与维护，都需要一定的资本支出。此外，技术更新换代的速度越来越快，使得持续的技术更新成为财务上的一个挑战。技术的快速变化要求新闻从业者持续更新其技能，每一次技术的更新或新工具的引进都需要记者、编辑和技术人员学习新的操作技能，例如，数据新闻要求新闻从业者不仅要具备传统的报道能力，还需要掌握数据挖掘和分析技能。这种持续的职业培训对于新闻机构和个人来说都是时间和成本上的投入。

技术的发展也带来了新的新闻道德和法律挑战，例如，社交媒体和其他数字平台的使用引发了关于版权、隐私和信息真实性的新问题。新闻机构需要在追求技术创新的同时确保其遵守法律法规，并维护新闻伦理的标准。此外，技术的不断进步也导致了受众习惯的变化，他们对新闻的获取和消费方式更加多样化和即时化，这要求新闻机构不仅要在技术上跟上潮流，还要在内容分发策略上进行创新。然而，快速适应这种受众行为的变化，对于新闻机构来说是一个复杂的过程，需要精确的市场洞察和策略调整。技术的全球性普及与不均衡发展也为新闻机构带来了挑战，尽管高科技工具在一些发达地区广泛使用，但在技术较不发达的地区，新闻机构可能难以访问和使用这些先进工具。这种全球技术应用的不平衡，加剧了新闻覆盖的地域不均，影响了新闻内容的全面性和多样性。技术的快速发展虽然为新闻行业带来了前所未有的机会，但也带来了一系列挑战，这些挑战涉及经济、技能、伦理和战略多个层面。新闻机构必须在追求技术先进性的同时，考虑到这些挑战可能对其运营和报道质量带来的影响。

二、资源分配的限制

在新闻行业中资源的限制一直是媒体机构面临的一大挑战，财务和人力资源的不足对新闻的质量和报道的广度带来了显著影响，这些影响在小型媒体机构和独立新闻机构中尤为突出。财务资源的限制直接影响新闻机构的运营和发展，资金不足使得机构难以支付高质量新闻采集和制作所需的费用。这包括无法购买必要的技术设备，无法支付记者外出采访的差旅费用，或者聘请专业人员来处理特定的报道任务。此外，财务资源限制还可能导致新闻机构无法进行必要的市场推广和受众拓展活动，这在竞争激烈的媒体市场中尤为不利。人力资源的缺乏同样限制了新闻机构的报道能力，人员不足往往意味着现有的工作人员需要身兼多个职责，从采访、写作到编辑和发布，甚至包括社交媒体管理和受众互动等任务。这种"一人多职"的工作模式可能导致员工过劳，难以维持工作的质量和效率。缺乏专业技能的人员也是新闻机构面临的一个问题，特别是在特定知识和技能方面，如数据分析和多媒体制作。

此外，资源限制还影响了新闻机构的创新能力，没有足够的资金和人员支持，新闻机构难以尝试新的报道形式和技术，如使用虚拟现实或增强现实来讲述新闻故事。这种创新的缺乏可能会使新闻机构难以吸引年轻受众，因为这部分受众通常对新技术和新媒介形式更为敏感。在报道的广度和深度上，资源的限制也造成了严重的制约，例如，对于需要深入调查和长时间跟踪的新闻事件，资源不足的新闻机构可能无法进行充分报道。这不仅影响了新闻的质量，也可能导致重要问题和信息没有被公众所知晓。财务和人力资源的限制是新闻机构面临的重要挑战之一，这些限制不仅阻碍了新闻的质量和多样性，也影响了新闻机构的竞争力和可持续发展。对于新闻行业而言，找到解决这些资源问题的方法是其长期发展和维持公众信任的关键。

三、从业者技能的不足

随着数字技术的迅猛发展和新媒体形式的不断涌现，传统的新闻技能已经无法完全满足当前新闻报道的需求，新闻从业者面临的技能缺口问题日益凸显，尤其是在数据分析和多媒体报道方面，这已成为现代新闻报道中不可或缺的一部分。随着大数据时代的到来，越来越多的新闻故事背后涉及复杂的数据处理和分析，然而，不少新闻从业者在传统的新闻教育体系中并未接受过系统的数据科学训练，缺乏利用数据进行深入报道的能力。这种技能的不足限制了他们在处理涉及复杂数据集的新闻时的表现，无法有效挖掘和呈现数据背后的深层新闻价值。

多媒体报道的兴起要求新闻从业者能够跨媒体平台工作，掌握视频制作、音频编辑以及在线内容管理等多种技能，多媒体技能的缺乏成为许多传统新闻从业者的短板。在数字化和网络化迅速发展的今天，新闻消费者越来越倾向于通过视频、音频和互动图表等形式获取信息，对于那些仅具备文字报道能力的新闻从业者来说，适应这一转变是一大挑战。此外，随着社交媒体和移动平台成为重要的新闻传播渠道，新闻从业者还需要具备数字营销和社交媒体管理的相关技能，这不仅包括内容发布的技能，还包括利用这些平台进行有效互动和传播的能力。然而，许多新闻从业者在职业生涯早期并未接受过相关的培训，对于如何有效利用这些新平台进行新闻报道和受众互动感到不适应。技能不足不仅影响新闻从业者个人的职业发展，也对新闻机构的整体竞争力构成威胁。随着新闻行业对技能要求的提升，新闻从业者必须不断学习和更新知识，以适应新闻报道的快速变化，这一过程充满挑战，但对于保持新闻行业的活力和适应性至关重要。

四、不断变化的受众需求

新闻行业目前面临的一个重大挑战是受众需求和媒体消费习惯的不断变化。随着技术的发展和新平台的出现，受众对新闻内容的期望和消费方式已经发生了根本变化。这种变化迫使新闻机构必须调整其内容生产和传播策略，以适应这些不断变化的需求。受众对即时新闻的需求显著增加。在数字时代，信息的传播速度极快，人们期望能够实时获得更新的新闻，这对新闻机构造成了压力，因为它们需要建立快速且可靠的新闻收集和发布系统，确保能够在第一时间向公众传达准确的信息。然而，这种对速度的追求有时可能会以牺牲报道深度和准确性为代价。受众对多样化内容的需求也在增加。随着社会多元化的发展，受众群体变得越来越分散，他们的兴趣和需求各不相同。为了满足不同受众的需求，新闻机构必须生产更加多元化的内容，涵盖更广泛的主题和角度，这不仅增加了新闻生产的复杂性，也对新闻从业者的知识和技能提出了更高的要求。

此外，随着移动设备的普及和社交媒体的影响力增加，受众对新闻的接触方式也在改变。越来越多的人通过智能手机和社交平台接收新闻，这就要求新闻机构在这些平台上保持活跃和可见。然而，这种转变也带来了新的挑战，例如，如何在这些平台上有效地吸引和保持受众的注意力，以及如何处理与这些平台相关的数据隐私和安全问题。同时，受众对互动性和参与感的需求也在增加，现代受众已经不满足于被动接收新闻信息，他们希望能够参与到新闻的讨论和传播中来，这就要求新闻机构提供更多的互动元素，如评论区、问卷调查和互动图表等，以增强受众的参与度和体验感。随着新一代受众的成长，他们对视觉内容和娱乐性的要求也在不断增加，这对以文字为主的传统新闻报道提出了挑战，新闻机构需要在保持新闻严肃性和深度的同时，探索更具吸引力和娱乐性的内容表现形式。受众需求的不断变化是新闻行业当前面临的一大挑战，这不仅影响了新闻的内容和形式，也对新闻机构的运营和策略制定提出了高要求。新闻机构必须持续观察并适应这些变化，以保持其在竞争激烈的媒体市场中的地位和影响力。

五、媒体伦理和信任危机

在当今信息爆炸的网络环境下，新闻行业面临的一个重大挑战是维持其新闻的可靠性和公信力。假新闻的泛滥以及信息过载现象对新闻机构的声誉构成了严峻的威胁，同时，坚守新闻伦理也变得尤为重要。假新闻的流传在很大程度上动摇了公众对传统新闻媒体的信任。在社交媒体和各种在线平台迅速发展的今天，任何未经验证的信息都可能在短时间内被广泛传播，而这些信息的真实性往往难以立即得到核实，这种情况不仅误导了公众，也使得新闻机构在追求报道速度与准确性之间的平衡更加困难。信息过载是另一个严重的问题，当今的信息消费者每天都会接触到大量的新闻和信息，这些信息的质量参差不齐，许多时候充斥着重复内容或低质量报道，这种环境使得受众越来越难以筛选和识别可靠的新闻源，进而可能导致公众对所有媒体存在普遍的不信任。

此外，新闻机构面临的挑战还包括在快速变化的媒体环境中保持其报道的伦理标准。随着竞争的加剧，一些媒体可能出于吸引眼球的目的而采用激进或煽动性的报道方式，这种做法会进一步侵蚀新闻的客观性和公正性。如何在追求广告收益和市场份额的同时恪守新闻职业伦理，是新闻机构面临的核心挑战。同时，新闻机构还需要妥善处理与新闻来源的关系。在争取独家新闻或第一手材料的过程中，保持新闻独立性和不受外部影响的原则变得愈加复杂。新闻来源可能会出于自身的利益推动特定的议程，因此，新闻机构必须警惕这种潜在的影响，确保报道的公正性和独立性不被侵犯。随着新技术的应用，如人工智能技术在新闻生产中的角色日益重要，新的伦理问题也随之而来。例如，使用人工智能技术生成的内容在何种程度上需要披露，以及如何确保这些技术的应用不会误导公众或损害到受众的权益，都是新闻机构需要认真考虑的问题。新闻行业在维护新闻可靠性和公信力方面面临诸多挑战，这些挑战不仅考验着新闻机构的操作策略和道德底线，也对整个行业的未来发展和公众对媒体的信任度有着深远的影响。在信息快速流动和技术不断革新的今天如何应对这些挑战，保持新闻的真实性是每一个新闻从业者和机构都必须面对的问题。

六、跨文化交际的障碍

在当今全球化迅速发展的背景下，跨文化交际在新闻行业中变得尤为关键，然而，与此同时跨文化交际的障碍也显著增加，这对新闻报道的准确性和全球影响力产生了重大影响。在全球范围内传播信息时，文化差异、语言障碍以及对特定地区历史和社会背景的理解不足，都可能导致信息的误解和曲解。文化差异是跨文化交际中的一个主要障碍，不同文化背景下的人们对于信息的解读可能截然不同，例如，在一些文化中，直接的表达方式可能被视为开放和诚恳，而在另一些文化中，同样的表达方式可能被认为是粗鲁和不敬。新闻从业者在报道国际新闻时如果忽视了这些文化特性，可能会无意中传递出带有偏见的信息引发误解。语言是跨文化交际的另一个重要障碍，虽然英语在国际新闻中普遍作为沟通媒介，但翻译的准确性仍然是一个挑战，翻译过程中的微小差错可能会改变信息的原意，尤其是在涉及技术术语或地区特定语境的报道中更为常见。此外，翻译质量的不一，尤其是自动翻译工具的使用，有时候也会导致信息的错误传递。

对目标国家或地区的历史和社会背景理解不足，也常常导致报道的不准确。每个国家和地区都有其独特的社会结构、政治体系和历史事件，这些因素都深刻影响着新闻事件的背景和受众的感知。新闻机构若缺乏对这些复杂背景的深入理解，可能无法提供全面准确的报道，从而影响新闻的质量和受众的理解。此外，国际新闻报道中的偏见和立场也是跨文化交际的障碍，新闻机构或从业者可能会基于自己的文化视角和价值观来选择和解释新闻事件，这种主观性可能会导致报道内容在不同文化中的接受度和效果的差异。跨文化交际的障碍在全球化的新闻报道中是一个复杂且具有挑战性的问题，这些障碍不仅涉及语言和文化的差异，还包括对特定社会政治背景的理解和个人偏见的影响。随着新闻机构越来越侧重于全球受众，如何克服这些跨文化交际的障碍，准确地传达信息，成为提升国际报道质量的关键。

第二节　应对策略

一、采纳和适应新技术

新闻机构面对技术迅速发展带来的挑战时，采纳并适应新技术是关键策略之一。增强现实、人工智能等前沿技术已经开始改变新闻行业的运作方式，从提高报道的效率到增强内容的吸引力，新技术为新闻机构提供了广泛的应用可能性。增强现实技术提供了一种全新的用户交互方式，通过在现实世界中添加虚拟元素来丰富新闻故事的呈现。例如，通过增强现实技术，用户可以在自己的智能手机或平板电脑上看到新闻故事中的 3D 视觉效果，如重大事件现场的 360 度视图，或是复杂数据的动态图表。这种沉浸式的体验使得新闻内容更加生动，能够更有效地吸引受众的注意力并提供更深入的解读。人工智能技术在新闻产业中的应用也越来越广泛，尤其在数据新闻和个性化内容推荐方面展现出巨大潜力。人工智能技术可以帮助新闻机构处理和分析大量数据，快速识别新闻趋势和模式，从而提高新闻报道的速度和准确性。此外，人工智能技术还可以根据用户的阅读偏好和历史行为来推荐个性化的新闻内容，增强用户体验并提升用户黏性。

此外，自动化技术的运用也在新闻行业中扮演着越来越重要的角色。自动化技术可以帮助新闻编辑快速生成标准化新闻报道，特别是在处理常规性和重复性较高的新闻事件时，如体育赛事结果、股市动态等。这不仅节省了记者的时间，让他们能够将更多精力投入更需要深度调查和有创造性思维的报道中，也提高了整体的工作效率。新闻机构在适应新技术方面还需要重视新技术的培训和教育。随着新工具和新平台的引入，新闻从业者需要定期更新自己的技能和知识，因此，新闻机构应该鼓励、组织员工参加继续教育和专业培训，确保他们能够有效地利用最新技术，从而保持竞争力。积极采纳和适应新技术不仅可以帮助新闻机构应对技术发展的挑战，还可以创造新的报道和商业机会。通过这些策略，新闻机构可以提升自身的报道能力和市场地位，更好地服务于日益变化的受众需求。

二、优化资源配置和利用

为了应对资源限制的挑战，新闻机构必须采取有效的资源管理策略。通过成本控制和资源共享等手段可以大幅提高操作效率，从而在人力和财力有限的情况下维持甚至提升新闻内容生产的质量和效率。成本控制是新闻机构优化资源配置的关键一环。新闻机构可以通过谨慎评估各项支出的必要性和回报来削减不必要的开支。例如，在采购设备和服务时，通过市场调研和比较，选择性价比最高的选项。此外，通过优化内部流程和提升工作效率也能降低运营成本，这可能涉及引入更有效的工作方法或技术解决方案。例如，用自动化技术处理某些重复性工作，可以减少人工错误，节省时间。资源共享则是另一个关键策略，尤其是在多个新闻机构之间。通过合作，不同的新闻机构可以共享新闻采集资源、编辑技术甚至市场资源，如共同订阅昂贵的数据库，或共享对特定地区或主题的报道权。此外，资源共享也可以在同一机构的不同部门之间进行，例如，将图像处理和社交媒体管理等功能中心化，以减少重复设备的购买和人员的聘用。

优化人力资源的利用是提高效率的另一个方面，这包括确保每位员工的技能和能力能够得到最大限度的发挥，并通过培训和职业发展机会使他们获得最新的技能。此外，通过灵活的工作安排可以更有效地利用人力资源。另外，技术投资也是优化资源配置的一个重要方面。使用最新的技术，如云计算服务，可以减少对物理基础设施的需求，同时提高数据处理和存储的效率。技术投资还包括开发或采购能够提高新闻内容生产效率的软件工具，如内容管理系统（CMS）和 Excel、SAS 等数据分析工具。通过更有效的资源管理，新闻机构不仅能够克服资金和人力资源的限制，还能在竞争日益激烈的新闻市场中保持竞争力，这要求新闻机构领导层具备前瞻性的资源管理视角和能力，能够在保证新闻质量的同时不断寻找和利用各种内外部资源的优化机会。

三、强化新闻从业者的培训和教育

新闻机构必须高度重视新闻从业者的党和国家方针政策的学习培训，同时加强专业技能教育。通过系统化的培训体系，确保新闻从业者既能深刻理解和贯彻党的新闻工作方针政策，又能适应新闻行业的快速变化和技术进步。在政策理论学习方面，新闻机构应当定期组织新闻从业者学习党中央关于新闻舆论工作的重要指示精神，通过专题讲座、集中研讨等形式深入学习党的新闻工作政策方针，理解新闻舆论工作的职责使命，引导新闻从业者树立正确的新闻观，同时要及时组织学习国家新闻出版、广播电视等主管部门发布的政策文件和工作要求，确保新闻报道始终沿着正确的政治方向。

政策理论学习要注重形式的多样化，除了传统的集中授课外，还可以采用案例教学的方式，选取典型的新闻报道案例进行分析，帮助新闻从业者理解如何在具体工作中准确把握政策导向。新闻机构可以邀请主管部门的领导和专家进行专题辅导，解读最新的政策要求，还可以组织新闻从业者参观红色教育基地，接受革命传统教育，增强党性修养，定期组织政策理论考试，将学习成效与职业晋升挂钩，建立激励机制。

在专业技能培训方面，新闻机构应制订系统的培训计划，定期更新新闻从业者的知识储备和操作技能。这个计划应包括新闻采集技术教育、多媒体内容制作培训以及数字和社交媒体策略的最新动态。通过这些培训，新闻从业者可以掌握新工具和新平台的使用，例如，学习如何运用新技术手段开展新闻采访报道，如何运用数据新闻等新形式更好地传播党的声音。专业发展工作坊和研讨会也是重要的培训形式。新闻机构可以邀请行业专家和技术开发者定期举办工作坊，分享他们在特定领域的经验和见解。这些活动不仅提供实践操作的机会，还能帮助新闻从业者把握行业发展趋势，同时要把政策要求融入专业技能培训中，引导新闻从业者在技术应用中始终坚持正确导向。

除此之外，新闻机构应鼓励新闻从业者参与在线学习和认证课程。随着教育技术的发展，许多高质量的在线课程和资源变得易于获取，这些资源涵盖了从数据分析到数字营销、从视频编辑到编程语言等多种技能。新闻从业者可以根据个人发展需要和兴趣，选择合适的课程学习。新闻机构也要重视开发政策理论的在线课程资源，将党中央关于新闻舆论工作的重要指示精神、主管部门的政策要求等内容制作成微课、慕课等形式，方便新闻从业者利用碎片时间进行自主学习，同时要建立学习激励机制，将在线课程学习纳入新闻从业者考核体系，确保学习效果。

新闻机构还应建立健全导师制度，选拔政治立场坚定、业务能力突出的高级编辑和资深记者担任导师，对年轻从业者进行"一对一"或"一对多"的指导。导师要注重传授新闻采编技巧、写作方法等实践经验，更要加强对新人的政治引导，帮助他们树立正确的新闻理想信念，培养正确的价值取向和职业操守。通过导师制度的实施，确保新闻队伍代际传承，始终坚持正确的政治方向和舆论导向。新闻从业者的培训和教育必须着重加强职业道德和使命感的塑造。在当今信息传播快速多变的环境中，新闻从业者要深入认识新闻工作的特殊性质，坚持正确的政治方向和价值导向。新闻机构通过系统性的教育培训帮助新闻从业者掌握专业技能，提升判断力和责任意识，确保新闻报道准确真实，引导新闻从业者在复杂的舆论环境中始终恪守职业准则，为社会提供有价值、有深度的新闻报道。

通过上述全方位的培训体系，新闻机构既能确保新闻从业者准确把握党和国家的方针政策，又能提升他们的专业能力，使他们更好地担负起新形势下的新闻舆论工作使命。这种对内部人才的系统培养是确保新闻机构始终沿着正确政治方向发展的重要保障。

四、加强受众分析和内容定制

在现代新闻行业中，了解受众的需求并提供定制化的内容是增加受众参与度和满意度的关键。通过有效利用数据分析工具，新闻机构能够精确捕捉到受众的偏好、行为习惯和消费模式，从而制定具有针对性的内容策略。新闻机构可以通过各种数据分析工具来追踪受众的在线行为，例如，哪些类型的文章能获得更多的点击率，受众在哪些网站上的停留时间最长，以及他们通过哪些渠道访问新闻内容。这些数据提供了洞察受众兴趣和行为的重要信息，帮助编辑团队了解哪些主题或报道形式最能吸引受众。新闻机构还可以利用高级数据分析方法，如机器学习算法来预测受众对不同新闻主题的反应。这种预测模型可以基于受众的历史互动数据构建，使新闻机构能够在报道某个事件前预测其可能的受欢迎程度。这不仅提升了内容的目标精准性，还能有效地优化资源分配，将更多资源用于那些预计会引起较大公共兴趣的报道上。除了对受众行为的分析，新闻机构还应聚焦于内容的个性化推荐系统。新闻机构通过构建一个动态的内容推荐引擎，根据每位用户的阅读历史和偏好自动推送相关新闻。这种个性化的内容分发策略不仅能增强用户的阅读体验，还能提高用户黏性，促进用户回访和长时间阅读。

此外，受众分析还可以应用于社交媒体策略中。通过分析不同社交媒体平台上受众的互动数据，新闻机构可以优化其社交媒体内容，调整发布时间，以及增强与受众的互动。例如，分析 Twitter（推特）上的趋势话题和受众反馈可以帮助新闻机构制定更有效的推文策略。通过定期进行受众满意度调查，新闻机构可以直接从受众那里获得反馈，了解他们对当前内容的满意度及改进意见。这些直接的反馈信息是评估现有内容策略效果的重要方式，也是持续改进和满足受众需求的基础。综合运用这些数据分析和受众理解策略，新闻机构可以不仅仅被动响应受众需求，而能够主动塑造和引导公众讨论，提升新闻内容的影响力和价值。这种以数据为驱动的内容策略是现代新闻机构适应数字化挑战、保持行业竞争力的必要途径。

五、加强伦理规范和透明度

在当前新闻行业面临信任危机的背景下，强化新闻伦理的教育和执行，提高报道的透明度和责任感显得尤为重要。新闻机构可以通过一系列具体措施来实现这一目标，从而恢复和增强公众对媒体的信任。加强新闻伦理的教育是提高新闻质量和可信度的基础，新闻机构应定期举办新闻伦理的培训课程，确保其从业者都熟悉并遵守行业伦理规范。这包括如何公正无偏地报道新闻、如何确保报道的准确性、如何处理新闻中的利益冲突，以及如何尊重新闻对象的隐私权等。通过这些教育活动，记者和编辑将更加了解在遇到道德困境时应如何作出正确的决策。提高报道的透明度也是增强公众信任的关键，新闻机构应公开其新闻采集和编辑的流程，明确报道中的信息来源，尤其是在使用匿名来源时。此外，当错误发生时，新闻机构应迅速且公开地进行更正，并向公众解释错误产生的原因和采取的纠正措施。这种透明的做法不仅能够及时纠正误导信息，还能体现新闻机构对高标准新闻的承诺。

责任感的培养也十分重要。新闻机构应鼓励其从业者深入思考其报道可能会对社会和个人造成的影响。尤其是在处理敏感和具有潜在影响力的新闻时，新闻从业者应承担起向公众提供真实、全面的信息的责任，并在报道中公平、公正地传达各方声音。此外，新闻机构还应建立一个反馈机制，鼓励公众对报道内容提出意见和批评。这可以通过设立大众编辑、开放评论区以及在社交媒体平台与受众互动等方式来实现。通过这种方式，新闻机构不仅能收集到受众的反馈，还可以通过直接对话来解释新闻决策过程，增强受众的理解和信任。加强与其他新闻机构的合作，共同制定和遵守更高标准的新闻伦理规范也是提升整个行业信任度的有效途径。这种行业内的合作可以包括共同开展伦理培训、共享最佳实践，以及在面对共同挑战时互相支持。通过这些措施，新闻机构不仅能够在内部培养一种负责任的新闻文化，还能在外部展示其对公众负责任的认真态度，从而有效地应对当前的信任危机，重建与公众之间的信任关系。

六、发展有效的跨文化交际策略

为了有效应对全球化带来的跨文化交际挑战，新闻机构必须采取策略性的措施，提升跨文化交际的能力，并利用多语种平台来拓宽其新闻覆盖范围。这些措施将帮助新闻机构更好地服务于不同文化背景的全球受众，提升新闻内容的多样性和接受度。新闻机构需要在其团队中培养强大的跨文化交际能力，这包括为记者和编辑提供关于全球文化差异的培训，教育他们如何在报道时尊重和理解不同文化背景受众的观点和感受。通过这种培训，新闻从业者能更准确地解读和报道涉及外国事件或国际关系的新闻，同时避免文化偏见和误解。新闻机构还应利用多语种平台来发布其内容，这不仅意味着将新闻内容翻译成多种语言，还包括在内容的呈现和叙述方式上作出调整，以适应不同语言和文化的表达习惯。例如，对于某些文化背景的受众来说，简洁的报道风格可能更受欢迎，而有些文化背景的受众则可能更倾向于详细的信息和分析。

新闻机构应积极寻求与各地媒体建立合作伙伴关系，通过资源共享来加强跨文化报道的深度与广度，这种合作不仅能获取丰富的本土新闻素材，更有助于提升报道的准确性和文化敏感度，使新闻内容更贴近当地实际，更容易被目标受众接受和理解。同时，数字平台应根据用户的地理位置和语言偏好，提供个性化的新闻内容，这种策略能够确保内容的相关性和吸引力，增加用户的参与度。为了有效地开展跨文化交际，新闻机构需要持续监控其内容在不同文化中的接受情况，并据此不断调整其跨文化交际策略。通过收集和分析受众反馈，新闻机构可以更好地了解不同文化受众的需求，从而不断优化其新闻产品。通过实施这些策略，新闻机构不仅能够提高自己在全球市场的竞争力，也能更有效地服务于多元化的全球受众，增强其新闻报道的全球影响力和文化敏感度，这些措施是新闻机构在全球化趋势中保持领先地位的关键。

第八章 新闻理论与实践的共生发展

第一节 新闻理论与实践结合的重要性

一、提高新闻质量和效率

在当前的新闻行业中，提高新闻质量和效率是至关重要的任务，而将新闻理论与实践有效地结合起来是实现这一任务的核心策略。通过在新闻制作过程中应用新闻理论知识，新闻从业者能够更准确地捕捉并传达复杂的信息，同时优化工作流程以应对迅速变化的新闻环境。因此深入理解新闻理论能够显著提升报道内容的深度和广度。新闻理论如社会责任理论、议程设置理论等，提供了分析和构建新闻报道的框架，帮助记者识别哪些事件值得关注，以及如何从不同角度切入报道。例如，议程设置理论强调媒体在形塑公众议题重要性方面的作用，了解这一理论可以帮助记者在报道中恰当地安排信息，强调报道的焦点，引导公众的注意力。

理论的应用可以提升新闻采集和处理信息的效率。在快速变化的新闻环境中，记者经常需要从大量的信息源中迅速筛选出关键数据，掌握诸如信息经济学的相关理论知识，可以更高效地管理和优先处理信息，避免资源浪费。此外，了解传播理论和受众理论也能帮助记者更好地理解受众的需求和反应，从而制作出更具吸引力和参与感的内容。在内容创新方面，将理论与现代技术的实践相结合，是尤为重要的。随着数字技术的发展，新闻报道已不再局限于传统的文本和图像，而是越来越多地利用视频、音频以及交互式元素来吸引受众。理论知识可以指导记者有效地使用这些新工具，例如通过叙事理论来设计交互式故事的结构，或者利用视觉传达理论来优化图表和信息图的设计，使复杂数据更加易于公众理解和接受。

　　此外，理论与实践的结合也对提升新闻的伦理标准至关重要。在报道敏感话题或危机事件时，新闻伦理提供了行为指南，帮助记者处理报道中的道德困境。例如，遵循道德伦理和社会责任理论，强调避免利益冲突以保持报道的公正性，这要求记者在采访和报道的过程中保持独立性，公平地呈现各方观点。通过定期的伦理培训和讨论，新闻机构可以确保其员工不仅了解这些理论，而且能在实际工作中加以应用。评估新闻报道的社会影响也是理论与实践结合的重要方面。利用传播效果理论等，新闻机构可以分析其报道如何影响公众的认知、态度和行为。这种评估不仅帮助新闻机构衡量其工作的效果，也指导它们调整策略，以便更有效地服务于公众。新闻行业中理论与实践的结合不仅提升了报道的质量和效率，而且增强了新闻的社会责任感和伦理标准，这种结合确保了新闻机构能够在复杂多变的信息环境中保持竞争力，不断创新和改进，最终更好地满足公众对高质量新闻的需求。通过不断的学习、应用和反思理论，新闻从业者可以不断提升自身的专业技能，为社会提供价值更大、影响更深远的新闻内容。

二、促进新闻从业者的专业发展

　　在新闻行业中，理论教育与实践经验结合的方法对于新闻从业者的职业发展具有决定性的影响。这种综合方法不仅为他们提供了必要的技能和知识，还使他们能够有效应对报道过程中遇到的复杂和挑战性问题。更重要的是，这种方法能够不断提升从业者的专业能力，为他们在新闻行业中的长期成长提供坚实的基础。理论教育为新闻从业者提供了一个坚实的知识基础，这是他们职业生涯中不可或缺的一部分。理论知识如新闻伦理、媒体法规、受众分析等，不仅构建了新闻从业者处理信息的框架，还深化了他们对行业的理解。例如，通过学习新闻伦理，记者能够在报道敏感事件时更加明智地权衡报道的公共利益与个人隐私权之间的关系。此外，对媒体法规的深入了解也能帮助记者在采访和报道过程中避免法律风险，保护自己和所在机构的权益不受侵犯。

实践经验是理论知识得以应用的舞台。在新闻报道的现实环境中，新闻从业者必须应用他们通过理论学习获得的知识来解决实际问题。例如，报道技巧的理论可以指导记者更有效地构建新闻故事，提高报道的吸引力和可读性。同时，在实际操作中遇到的挑战和突发情况也能够促使记者不断地回顾和加深对理论的理解，使理论知识在实践中得到丰富和完善。此外，理论与实践的结合极大地提升了新闻从业者处理复杂报道的能力。在涉及多方利益、需要深度调查的大型新闻事件中，理论知识提供了分析框架和视角，帮助记者深入挖掘事件的背景和影响，而实践经验则提供了现场应对和信息验证的技能，使报道更加全面和精确。这种能力对于新闻从业者来说至关重要，尤其是在当前信息爆炸和假新闻泛滥的时代。

理论与实践的结合也为新闻从业者的创新能力提供了强大的支持，如今新闻行业的创新不仅限于技术和平台的使用，更包括内容呈现和叙述方式的创新。理论教育可以激发记者探索新的报道角度和方法，而实践经验则允许他们测试这些创新思路的有效性。例如，交互式新闻和数据新闻的发展就是理论与技术应用结合的产物，通过动态图表和用户互动提升了新闻内容的吸引力和教育价值，这种结合对于新闻从业者的个人职业规划同样具有重要意义。通过不断的理论学习和实践应用，新闻从业者可以更清晰地认识到自己的职业方向和兴趣，这有助于他们在新闻行业中找到定位并实现个人职业的发展，同时这也有助于他们建立起专业的信誉，成为其领域内的权威人物。理论与实践的有效结合不仅增强了新闻从业者的专业技能和适应能力，而且为他们在快速变化的新闻行业中的持续成长提供了不可或缺的支持。这种综合发展策略是提高新闻质量、创新能力及职业道德的关键，对整个新闻行业的发展和公众利益的服务都具有深远的影响。

三、增强媒体的社会责任和伦理标准

在当今快速发展的媒体环境中，新闻从业者面临着越来越多的伦理挑战和责任压力，理论知识的深入学习和实际应用，对于提升媒体工作者的社会责任感和伦理标准至关重要。这种理论与实践的结合不仅提升了新闻报道的质量，也增强了新闻机构在公众中的信誉和权威。新闻伦理的理论基础为新闻从业者提供了处理复杂情况的指导原则。这些原则如真实性、公正性、独立性和责任感，是新闻职业的核心，通过学习这些理论，记者和编辑可以更加明智地在日常报道中作出决策，比如在报道涉及隐私的敏感话题时如何平衡公众的知情权和个人的隐私权，这需要记者不仅遵循外在的法律法规，更要内化这些伦理标准，将其作为判断和行动的基础。此外，在现代新闻报道中，理论知识的应用帮助新闻从业者识别和防范可能的利益冲突，这对于保持报道的客观性和公信力至关重要。例如，理论教育会涵盖如何避免赞助商或政治偏见影响新闻内容的客观性。这种教育不仅涉及识别潜在冲突的技能，还包括在发现这种冲突时采取适当行动的策略。

在多元化和全球化日益加深的今天，新闻从业者需要处理来自不同文化背景的信息，理论教育在这方面提供了重要的跨文化交际策略，帮助新闻从业者更准确地理解和报道不同文化和地区的事件。例如，国际新闻报道要求记者不仅要报道事实，还须展现事件的多元视角，确保不同文化背景下的受众都能感到被尊重和公正对待。这要求记者具备全球视野和深入理解不同文化的能力，这些能力往往来源于对国际传播理论的学习和理解。随着数字技术的发展，新闻从业者更须理解和应用有关数字媒体伦理的理论。社交媒体、博客和其他在线平台已成为新闻发布的重要渠道，这些平台的即时性和互动性提出了新的伦理问题，如在线言论的真实性验证、数字内容的版权保护以及个人数据的安全等。通过学习相关的理论知识，新闻从业者可以更有效地利用这些平台，同时遵

守适用于数字环境的伦理标准。理论知识在提升新闻从业者的社会责任感和伦理标准方面起着不可替代的作用。通过在职业生涯的各个阶段不断地学习和实践这些理论，新闻从业者不仅能提升个人的专业技能，还能在整个新闻行业中推广更高的伦理标准和社会责任感，最终为整个社会的健康发展和信息真实性的维护作出重要贡献。这种持续的专业发展和道德修养是保证新闻行业在快速变化的全球信息环境中继续扮演关键角色的基石。

四、改善受众满意度和信任度

通过理论与实践的结合，新闻机构能够显著提高新闻内容的质量和相关性，从而有效增强受众的满意度和对媒体的信任。这一过程涉及从内容的深度、准确性到呈现方式的创新，每一个环节都体现了理论知识与实际经验的完美融合。高质量的新闻报道要求记者深入研究并全面理解报道主题，这一点，理论教育提供了坚实的基础。通过系统学习新闻采编的基本理论，记者能够更好地把握报道的准确性和深度。此外，实践经验允许记者在采访和报道中运用这些理论知识，通过实际操作验证和完善自己的技能。例如，数据新闻学的理论不仅教授了记者如何利用数据进行报道，更通过实际操作帮助记者学会筛选、分析并呈现数据，使复杂的信息以易于理解的形式呈现给公众。新闻内容的相关性是提升受众满意度的关键因素，理论指导记者如何识别并满足受众的需求和兴趣。在实践中，记者通过与受众的互动，比如社交媒体反馈、读者邮件或调查问卷，获得第一手的受众反馈信息。这种直接的受众反馈成为调整报道策略、提升内容相关性的重要依据。例如，理论上的受众分析技巧可以帮助记者了解不同受众群体对新闻的不同消费行为和偏好，从而制定更具针对性的内容策略。

此外，信任度的提升不仅仅建立在内容的高质量上，更基于新闻的透明度和公正性。这需要新闻机构在报道中坚持理论上的伦理规范，公正无私地呈现信息，同时在报道中明确标记信息来源，并对报道内容的准确性负责。在实际操作中，这意味着在报道可能引起公众产生争议的问题时，需要记者提供平衡的视角和充分的证据支持，确保所有声音都能被公正对待。理论与实践的结合还包括对新兴技术的运用。随着数字技术的发展，新闻行业需要适应不断变化的技术工具和平台，理论知识可以指导记者如何有效利用这些新工具来提升报道的互动性和吸引力，如通过增强现实、虚拟现实等技术提供沉浸式的新闻体验。通过这些创新方法，新闻报道不仅仅是信息的传递，更是一种吸引受众、让受众参与的体验。理论与实践的结合不仅能提升新闻报道的专业水准，更能在增强受众满意度和信任度方面发挥重要作用。这种结合确保了新闻机构能够在竞争激烈的媒体环境中保持领先地位，同时履行其社会责任，为公众提供真实、相关和高质量的新闻内容。

五、促进新闻技术的创新和应用

在新闻行业中，理论与实践的结合不仅提升了新闻报道的质量和效率，而且极大地促进了新闻技术的创新和应用。特别是在数据新闻和自动化报道领域，理论的推动作用帮助新闻机构探索和应用了一系列先进技术，从而为新闻行业带来了革命性的变革和前所未有的发展机会。数据新闻是理论与技术结合的典型例证，它结合了统计学、数据科学与新闻报道的方法。通过大数据分析和可视化技术，数据新闻将复杂的数据信息转化为易于公众理解的视觉呈现形式，这种方法不仅提高了报道的准确性和深度，而且还增强了新闻的互动性和吸引力。例如，通过分析大量的数据点，数据新闻能够揭示出隐藏在日常新闻事件背后的模式和趋势，为公众提供更为深入和全面的理解。自动化报道技术如自然语言生成（NLG）技术，是理论与实践结合的另一个突出成果，这种技术使机器能够自动编写新闻报道，尤其适用于财经、体育和选举等数据驱动的新闻领域。自动化报道系统通过预设算法和模板，可以在数据变动时迅速生成新闻稿件，极大地提升了新闻生产的速度和规模。例如，在股市报道中，自动化系统能够即时生成关于股价变动的报道，无须人工干预，从而确保报道的即时性和准确性。

此外，随着移动新闻和社交媒体的兴起，新闻从业者面临着在快速变化的技术环境中不断适应和创新的挑战，而理论在这方面发挥着至关重要的作用，它帮助新闻从业者理解新媒体的特性和受众行为。通过学习理论，记者和编辑可以更有效地在各种平台上规划和发布新闻内容，利用社交媒体的互动特性，增强新闻与受众之间的互动和参与。例如，理论可以指导记者利用社交媒体进行实时报道，或者设计互动性强的在线新闻故事，以吸引并维持受众的注意力。在推动技术创新的同时，理论还强调了伦理的重要性。在新技术应用的过程中，新闻从业者必须考虑如何处理与隐私、版权和信息真实性相关的伦理问题，而理论提供了处理这些问题的框架和指导原则，确保技术的应用不会损害公众利益。例如，在使用大数据进行报道时，理论强调必须尊重数据来源的隐私权，确保数据的收集和使用符合伦理标准。通过不断的理论学习和技术应用，新闻从业者能够在保持专业标准的同时不断创新报道方式，适应数字化时代的需求。这种结合不仅提升了新闻报道的整体质量和效率，而且为新闻行业的未来发展打开了新的可能性，使新闻机构能够在快速发展的信息时代中保持竞争力和相关性。

六、改进新闻教育和培训体系

在当今新闻行业迅速发展和技术不断进步的背景下，传统的新闻教育模式已逐渐显示出不适应现代新闻实践的弊端。因此，结合实践的理论教育模式成为新闻教育改革的重要方向，这种模式通过更加贴近实际的教学方法，极大地增强了教育的实用性和学生的职业技能。理论教育与实践相结合能为学生搭建全面的学习平台，有效地将课堂知识与新闻实践紧密衔接，尤其是对政治教育方面的培训。通过系统性的理论学习，学生能够深入理解国家政治制度、社会发展进程以及当前的国际形势，形成正确的政治立场和价值观。在实践环节，学生可以在导师指导下参与实际新闻项目，直接体验从新闻采集、撰写、编辑到发布的完整工作流程。这种实践经验不仅加深了学生对新闻工作的理解，也让学生切身感受到行业压力和挑战，为未来工作做好准备。

除此之外，结合实践的教育模式还鼓励学生在真实环境中应用他们的理论知识，解决实际问题。例如，在处理涉及复杂社会问题的报道时，学生需要运用他们对伦理学、法律以及公共政策的理解，确保报道的全面性和深度。这种挑战促使学生要具备批判性思考的能力，不断地在理论与实践之间找到平衡点，培养他们成为思考深入且具有责任感的新闻从业者。在课程中引入最新的新闻采集技术、编辑软件和发布平台，不仅更新了学生的专业技能也激发了他们对新技术的探索和创新。通过实践，学生能够更好地掌握如何利用这些工具提高工作效率和质量。例如，使用数据可视化工具将复杂的数据信息转化为易于理解的图表和图像，或者通过社交媒体分析工具来优化内容的传播策略。实践中的理论教育还重视学生个性化的职业发展规划，通过与新闻行业的不断互动，教育机构能够根据行业的最新需求调整课程内容，同时也能为学生提供与专业人士交流的机会。这种交流不仅能够扩展学生的职业网络，还能增强他们对新闻行业动态的敏感度，为他们未来的职业生涯奠定坚实的基础。结合实践的理论教育模式是新闻教育领域中的一大进步，这种模式不仅提升了教育的质量和实效性，而且通过提供实际操作的机会，极大地增强了学生的职业技能和创新能力。随着新闻行业的不断发展，这种教育模式将继续演化，以满足新闻行业对高素质新闻从业者的需求，为学生打下成功步入职业生涯的坚实基础。

第二节　对未来新闻工作的展望

一、新闻业的数字化转型

新闻业的数字化转型已成为推动这一行业进步的主要力量。这一转型不仅影响了新闻的生产和分发方式，还重新定义了受众与新闻的互动关系。随着互联网和移动技术的发展，新闻组织不仅需要更新其内容生产的方式，还必须调整其业务模型以适应这一变化。数字技术的发展使得新闻内容的生产和分发过程更加高效。新闻机构现在可以通过数字平台，如网站、社交媒体等迅速发布新闻，满足现代消费者对即时新闻的需求。这种即时更新的能力是传统媒体所无法比拟的，它要求新闻机构拥有快速反应的编辑团队和强大的技术支持系统，来保证新闻内容的及时更新和准确传达。此外，数字化转型也使得新闻报道更加深入和精准。借助大数据分析和人工智能技术，新闻机构能够对大量数据进行分析，以揭示隐藏的模式和趋势，这不仅提高了报道的准确性，也使得新闻内容更加丰富和具有说服力。例如，通过分析社交媒体数据，记者可以了解公众对特定事件的反应，这些信息可以帮助他们制作更符合受众兴趣和需求的报道。数字化还推动了新闻内容的个性化和定制化，通过分析用户的浏览历史和偏好，新闻机构可以向用户提供定制化的新闻推送。这种个性化策略不仅增强了用户体验还提高了用户的参与度和忠诚度，为新闻机构带来了精准的广告目标和增加收入的机会。

同时新闻业的数字化转型还包括了对新技术的探索和应用。随着虚拟现实、增强现实和360度视频等技术的成熟，新闻报道已经可以提供更加沉浸和互动的体验。这些技术使得受众能够以全新的方式体验新闻故事，从而更加深入地理解报道的内容和背景。然而，数字化转型也带来了一系列挑战。信息的快速流通和来源的多样化增加了假新闻和错误信息的风险，因此，新闻机构必须加强其事实核查和编辑审查的流程，确保报道的真实性和可靠性。此外,新闻机构还需要对从业人员进行持续的技术和伦理培训,确保他们能够有效地使用新技术并遵守新闻职业的伦理标准。新闻行业的数字化转型是一个复杂而全面的过程,它不仅改变了新闻的生产和消费方式,还对新闻机构的运营模式和商业战略提出了新的要求。通过不断适应这一趋势,新闻机构不仅可以提高其新闻产品的质量和效率,还可以在竞争激烈的媒体市场中保持竞争力和相关性。

二、增强数据驱动的新闻的发展

数据驱动的新闻已经在新闻业中确立了其重要性,它不仅极大地改善了信息的收集和处理过程,还提高了报道的质量和受众的参与度。随着大数据、人工智能和机器学习等技术的快速发展,新闻机构有了更多工具来分析复杂的数据集,预测事件趋势以及向受众提供个性化的内容。数据驱动的新闻使得新闻报道更为准确和深入。通过分析大量的数据,记者可以发现并验证新闻事件背后的模式和趋势,这种方法特别适用于涉及复杂数据或需要跟踪多个变量的报道。例如,在处理经济报道时,记者可以利用经济指标数据,通过时间序列分析展示经济发展的趋势和可能的未来变化,这种深度的数据分析不仅增强了报道的准确性,也为公众提供了基于证据的深刻见解,使他们能够更好地理解复杂的经济现象。此外,数据驱动的新闻通过提供个性化的内容,极大地提升了受众的参与度和满意度。利用用户行为数据和偏好分析,新闻平台可以为每一位用户推荐他们感兴趣的新闻内容,这种个性化的方法不仅让用户感到新闻内容更加贴合自己的需求,也极大地增加了用户在平台上的停留时间和互动频率。例如,新闻应用可以根据用户过去的阅读历史和社交媒体上的互动,推送相关主题的深度报道和跟踪新闻,从而保持用户的长期兴趣和忠诚度。

数据驱动的新闻还推动了新的叙事方式和报道方法的创新。通过数据可视化和交互式图表，复杂的数据集可以被转换成直观、易懂的图形，使得受众能够直接与数据互动，更好地理解和分析新闻事件。这种创新的叙事技术不仅提高了新闻故事的吸引力，也使得新闻报道更加生动，更具有教育意义。尽管数据驱动的新闻带来了诸多好处，但它也引出了一些挑战和道德问题。数据的收集和使用必须遵守严格的隐私保护法规，确保个人信息的安全不被侵犯，此外，新闻机构需要确保数据分析的透明度和算法的公正性，防止数据误用导致误导性报道。为了解决这些问题，新闻机构必须建立健全的数据治理框架，培训员工识别和管理与数据相关的伦理风险，同时与公众保持开放的沟通，确保新闻的公信力不受损。数据驱动的新闻是新闻行业未来发展的关键方向之一。通过不断创新和优化数据分析工具和方法，新闻机构不仅能提升报道的质量和效率，还可以更好地满足现代受众的需求和期待。随着技术的进步，数据驱动的新闻将继续引领新闻业的变革，推动新闻报道向更高的专业和技术水平发展。

三、媒体多样性和包容性的提升

随着社会对多样性和包容性的需求日益增长，媒体行业正在经历一场深刻的变革，这种变革旨在使媒体更好地反映社会的广泛多样性，并促进不同背景人士的声音得到公正和平等的表达。这一进程不仅反映了对公平和正义的追求，而且是提高新闻报道质量和公信力的关键。提升媒体多样性和包容性的重要性在于它能够扩展新闻报道的视角和深度。新闻机构内部的多样性直接影响到新闻的选题、报道角度和呈现方式。当报道团队由来自不同性别、种族、经济背景和文化背景的成员组成时，他们带来的独特视角和生活经验能够丰富新闻内容，使其更全面地覆盖社会的各个方面。例如，一个多元化的新闻团队在报道重大社会或政治事件时，能更准确地识别和表达不同群体的需求和反应，从而避免单一视角的偏见。此外，媒体机构正在采取积极措施，通过改革招聘政策和提升晋升透明度来确保职场的多样性和公平性。这包括设立具体的多样性目标，实施无偏见的招聘程序，并为所有员工提供平等的发展和晋升机会。这种改革不仅有助于吸引和保留来自广泛背景的人才，也有助于建立一个更加开放和包容的工作环境，让员工感到被尊重和价值被认可。在报道策略上，媒体正在努力确保其内容能反映社会的多元性，这涉及扩大报道的主题和范围，确保少数群体的声音不仅仅在特定的"多样性"框架下被报道，而是作为日常新闻覆盖的一部分。例如，媒体可以通过增加有关女性、残疾人等群体的正面报道，来打破传统上的刻板印象，展示这些群体在社会、经济和文化上的活跃角色。

培训也是提升媒体多样性和包容性的关键。通过对编辑和记者进行关于性别平等、种族多样性和文化敏感性的持续教育，媒体机构不仅提升了员工的专业能力，也增强了他们对社会不同群体的理解和尊重。这种培训有助于记者在采访和报道时能准确且敏感地处理涉及多样性和包容性的问题，避免无意中传播偏见或歧视。技术和平台的创新也为媒体多样性和包容性的提升提供了重要支持。社交媒体、移动应用和在线平台为媒体提供了到达更广泛受众的新途径，这些平台特别适合传播针对特定群体的定制内容，帮助媒体机构更好地服务于多样化的受众。此外，这些技术平台还为受众提供了参与新闻制作的机会，例如，通过评论、分享和参与在线讨论，受众可以直接影响新闻议程和内容的形成。媒体行业对多样性和包容性的增强是对其社会责任的重要回应。通过实施上述策略和措施，媒体不仅能更公正地反映社会的实际情况，也能提升自身的专业水平和公信力。随着时间的推移，这些努力将继续推动媒体行业向更加公平、包容的方向发展，为所有人提供真实、多元和平衡的新闻报道。

四、全球化视野下的新闻传播

随着全球化的加速，新闻传播面临着前所未有的机遇与挑战。全球化不仅打破了地理和文化的界限，也要求新闻机构在报道时考虑更广泛的受众群体，以及更加复杂的社会、政治和文化因素。这一转变对新闻机构提出了高度的专业要求，同时也为其在全球范围内的业务扩展提供了可能。全球化推动了新闻机构加强国际报道网络的建设，许多主流媒体都在全球范围内设立了办事处，或与当地媒体建立合作关系，以确保能够迅速、准确地采集和报道各地的新闻。这种全球网络的建设不仅涉及物力资源的投入，更重要的是形成了一种文化多元的报道策略。这种策略能够帮助新闻从业者在全球范围内准确地把握新闻的脉络，及时准确地传达关键信息，同时尊重各地区文化的多样性和复杂性。

全球化要求新闻从业者具有深入的跨文化交际能力。在全球化的新闻报道中，了解并尊重目标受众的文化特性至关重要，这不仅关系到报道的接受度，更关系到信息的正确解读和影响力的发挥。例如，在涉及特定文化或宗教的新闻报道时，不恰当的言辞或角度可能会引起受众的反感或误解，而对这些敏感因素的深入理解和考虑，则可以增加报道的公信力和影响力。此外，全球化还加剧了媒体在国际政治中的作用。当前国际政治关系日趋复杂，国际新闻报道往往蕴含重要政治意义。新闻机构在报道国际新闻时必须谨慎处理敏感议题，既要确保信息传播的客观性，又要考量可能会对外交政策产生的影响。这不仅是新闻职业责任的体现，也是全球化背景下维护国家利益和国际形象的必要考量。

技术的进步是全球化新闻传播的另一大驱动力。数字技术尤其是互联网和移动通信技术的发展，使得新闻内容能够快速跨越国界，实现全球同步传播。这种技术的应用不仅使新闻机构能够覆盖更广泛的受众，也促使新闻形式和传播策略不断创新。例如，利用社交媒体平台进行新闻发布和互动，不仅增加了新闻的传播速度和广度，也增强了受众的参与感和新闻的互动性。然而，全球化也带来了诸多挑战，尤其是如何处理信息的真实性和准确性问题。在信息快速流动的今天，假新闻和错误信息的传播风险显著增加。因此，新闻机构需要加强国际合作，建立有效的信息核实机制，确保报道的真实性和权威性。全球化视野下的新闻传播要求新闻机构不仅要扩大其视野和网络，更要深化其文化理解和技术应用。通过不断创新，新闻机构可以在全球化的大潮中把握更多机遇，更好地履行其向公众提供准确、公正和深入报道的职责，这不仅是对新闻机构自身发展的推动，也是其在全球舞台上发挥积极作用的重要方式。

五、伦理与透明度的重要性增强

在新闻行业，新闻伦理和透明度的重要性正在被推至前所未有的高度。随着全球信息的快速流通和数字化媒体的普及，确保新闻的真实性、公正性成为挑战，也是新闻机构的首要任务，伦理和透明度是构建公众信任的基石，对于维护新闻机构的声誉和影响力至关重要。伦理标准的提升是确保新闻质量和维护公众利益的基本要求。在当前的媒体环境中，受众对新闻内容的真实性和来源的可靠性有更高的期待，因此，新闻机构必须严格遵守新闻采集的伦理规范，如实报道事实，公正地呈现不同观点，并且在报道过程中尊重被报道对象的人权和尊严。例如，处理涉及恐怖袭击、犯罪和其他敏感事件的报道时，新闻从业者必须遵循严格的伦理标准，避免造成不必要的恐慌或误导公众。透明度是新闻机构赢得公众信任的核心支柱。为此，新闻机构需要主动披露新闻生产的全过程，包括信息收集方法、编辑决策机制等。在引用信息来源时，尤其要严格把关匿名信源的使用标准和程序。新闻机构还应建立严格的差错处理机制，一旦发现报道失实，必须及时发布更正声明，详细说明差错产生的原因、影响范围和整改措施。这种主动公开、诚恳负责的态度，不仅能够最大限度地减少误导信息的负面影响，更能够展现新闻机构追求卓越新闻品质的决心与担当。

此外，随着技术的发展，新闻机构需要不断调整其伦理准则以适应新的挑战，如人工智能技术在新闻生产中的使用。人工智能技术虽然提高了新闻生产的效率，但也带来了诸如数据偏见和隐私侵犯等伦理问题。因此，新闻机构必须制定相应的伦理指导原则，确保技术应用不损害新闻的公正性和准确性。对新闻从业人员的持续教育和培训同样重要，通过定期的伦理培训，可以帮助记者和编辑理解和应对新兴的伦理挑战，例如，如何在社交媒体上保持专业性，如何处理网络空间中的虚假信息等。此外，培训还应包括对国际新闻报道的教育，尤其是在全球化背景下，加强记者对不同文化和政治环境的敏感性和理解。随着新闻行业的不断演变和全球信息环境的复杂化，提升伦理标准和增强透明度不仅是新闻机构应对未来挑战的必要条件，也是其长期可持续发展的关键。通过实施严格的伦理规范和提升透明度，新闻机构能够更好地服务公众，维护信息的真实性和公正性，从而在竞争激烈的媒体市场中保持其权威性。

六、面对新媒体挑战的策略和创新

随着新媒体技术的不断发展和普及，新闻行业面临着翻天覆地的变化。社交媒体、在线流媒体和即时通信工具已经深刻改变了人们获取和处理信息的方式。这些技术不仅为新闻机构提供了新的内容发布和受众互动渠道，也带来了巨大的挑战，尤其是如何在保持新闻专业性和可靠性的同时吸引和维持受众的注意力。新媒体的兴起要求新闻机构必须更加注重内容的多样化和个性化。随着受众的新闻消费方式越来越个性化，传统的"一刀切"类型的新闻报道已经难以满足所有人的需求，新闻机构需要利用大数据和人工智能技术来分析受众的行为和偏好，以此定制更具针对性的新闻产品。例如，通过分析用户在社交媒体上的互动数据，新闻机构可以推测出用户对哪些新闻话题感兴趣，进而提供定制的新闻摘要或深度报道。而为了提升受众的参与度和互动性，新闻机构正在探索使用新技术如增强现实、虚拟现实以及交互式图表和视频，这些技术能够为受众提供更加丰富和沉浸式的新闻体验。例如，通过虚拟现实技术，受众可以"身临其境"地体验新闻事件的现场，如走进战区、灾区或者参与重大的社会活动，这种体验远比传统的文字和图片报道更加生动和震撼。

同时，新媒体也为新闻机构提供了实时反馈和即时修改的可能性。通过社交媒体和其他在线平台，新闻机构可以即时获取受众的反馈，如评论、点赞和分享，这些反馈可以作为调整报道策略的依据。此外，新媒体还使新闻报道的更新频率大大增加，新闻机构可以通过在线平台快速更新和纠正报道中的错误，提高新闻的准确性和时效性。然而，新媒体带来的挑战也不容忽视，信息的快速流动和平台的多样性使得假新闻和错误信息更容易传播，因此，新闻机构必须加强对新闻来源的核实工作，确保所发布的内容都经过严格的事实核查。此外，新闻机构还要在新媒体环境中坚守新闻伦理，尤其是在处理涉及个人隐私和敏感话题的报道时，需要格外谨慎，确保不侵犯个人隐私，不无端炒作，不制造社会恐慌。面对新媒体带来的挑战和机遇，新闻机构需要不断创新和适应，找到新的策略来吸引和维持受众的关注，这包括利用新技术提供更丰富的新闻体验，实现内容的个性化和多样化，以及加强对新闻质量和伦理的把握。通过这些努力，新闻机构不仅可以提升其在新媒体时代的竞争力，也可以更好地履行其为公众提供真实、公正和有深度的新闻报道的使命。

参考文献

范孜恒.尼基·厄舍互动新闻理论研究[D].保定:河北大学,2023.

傅蕾.数字时代新闻理论创新研究[J].新闻研究导刊,2022,13(2):91-93.

黄楚新,贺文文.中国新闻学研究年度报告·2023[J].青年记者,2023(24):9-14.

黄苹.智慧教育理念下的新闻理论课程教学改革探析[J].传播与版权,2023(18):7-9,13.

姬德强,蒋效妹,朱泓宇.数字新闻:理论、方法与地方实践[J].新闻与写作,2023(8):113.

李喜根,张静,张霁雯.探索数字新闻理论发展与创新路径[J].全球传媒学刊,2021,8(5):56-79.

盛芳.新文科建设背景下新闻理论教学的坚守与融合[J].新闻前哨,2024(5):15-18.

田浩.反思性情感:数字新闻用户的情感实践机制研究[J].新闻大学,2021(7):33-45,120.

涂凌波."以中国为方法":新闻学理论范式转换的逻辑、知识与方法论[J].新闻与写作,2021(11):38-47.

王雪岩.新闻工作者如何提高理论实践能力[J].中国报业,2023(14):64-65.

吴飞.数字新闻理论创新有待系统化[J].当代传播,2023(2):1.

徐扬.调适还是控制:建设性新闻的实践矛盾[J].新闻知识,2022(7):26-30.

杨保军.确立当代中国新闻理论"标识概念"的基本标准[J].新闻记者,2024(2):3-14.

杨保军.论新闻理论研究的宏观走向[J].国际新闻界,2021,43(8):

6-21.

虞鑫，王金鹏．新闻学研究的交往范式：认知转型、理论资源与路径选择 [J]．新闻大学，2023（8）：75-87，119-120．

负向慕．新媒体时代的新闻理论与实践研究 [J]．采写编，2023（8）：126-128．

詹慈媛．现代网络传媒对新闻理论的冲击 [J]．采写编，2022（6）：30-31．

张晗．中国新闻学 STS 研究之研究 [D]．保定：河北大学，2022．

张芹．深度教学：高校新闻理论课程思政实践研究 [J]．教育传媒研究，2022（4）：25-27．

张蕊．以线上线下混合式教学模式打造新闻理论类"金课" [J]．新闻传播，2022（22）：59-61．